कामायनी

लेखक
जयशंकर प्रसाद

डायमंड बुक्स

प्रकाशक डायमंड पॉकेट बुक्स (प्रा.) लि.

X-30 ओखला इंडस्ट्रियल एरिया, फेज-II

नई दिल्ली- 110020

फोन : 011-40712200

ई-मेल : sales@dpb.in

वेबसाइट : www.diamondbook.in

मुद्रक : रेप्रो इंडिया

Kamayani

By : Jaishankar Prasad

अनुक्रमणिका

कामायनी

आमुख

आर्य साहित्य में मानवों के आदि पुरुष मनु का इतिहास वेदों से लेकर पुराण और इतिहासों में बिखरा हुआ मिलता है। श्रद्धा और मनु के सहयोग से मानवता के विकास की कथा को, रूपक के आवरण में, चाहे पिछले काल में मान लेने का वैसा ही प्रयत्न हुआ हो जैसा कि सभी वैदिक इतिहासों के साथ निरुक्त के द्वारा किया गया, किन्तु मन्वंतर के अर्थात् मानवता के नवयुग के प्रवर्तक के रूप में मनु को ऐतिहासिक पुरुष ही मानना उचित है। प्राय: लोक गाथा और इतिहास में मिथ्या और सत्य को व्यवधान मानते हैं। किन्तु सत्य मिथ्या से अधिक विचित्र होता है। आदिम युग के मनुष्यों के प्रत्येक दल ने ज्ञानोन्मेषक अरुणोदय में जो भावपूर्ण इतिवृत्त संग्रहीत किए थे, उन्हें आज गाथा या पौराणिक उपाख्यान कहकर अलग कर दिया जाता है, क्योंकि उन चरित्रों के साथ भावनाओं का भी बीच-बीच में संबंध लगा हुआ-सा दीखता है। घटनाएं कहीं-कहीं अतिरंजित-सी भी जान पड़ती हैं। तथ्य-संग्रहकारिणी तर्कबुद्धि को ऐसी घटनाओं में रूपक का आरोप कर लेने की सुविधा हो जाती है। किंतु उनमें भी कुछ सत्यांश घटना से संबद्ध है ऐसा तो मानना ही पड़ेगा। आज के मनुष्य के समीप तो उसकी वर्तमान संस्कृति का क्रमपूर्ण इतिहास ही होता है; परंतु उसके इतिहास की सीमा जहां से प्रारंभ होती है ठीक उसी के पहले सामूहिक चेतना की दृढ़ और गहरे रंगों की रेखाओं से, बीती हुई और भी पहले की बातों का उल्लेख स्मृति-पट पर अमिट रहता है; परंतु कुछ अतिरंजित-सा। वे घटनाएं आज विचित्रता से पूर्ण जान पड़ती हैं। संभवत: इसीलिए हमको अपनी प्राचीन श्रुतियों का निरुक्त के द्वारा अर्थ करना पड़ा; जिससे कि उन अर्थों का अपनी वर्तमान रुचि से सामजंस्य किया जाए।

यदि श्रद्धा और मनु अर्थात् मनन के सहयोग से मानवता का विकास रूपक है, तो भी बड़ा ही भावमय और श्लाघ्य है। यह मनुष्यता का मनोवैज्ञानिक इतिहास बनने में समर्थ हो सकता है। आज हम सत्य का अर्थ घटना कर लेते हैं। तब भी, उसके तिथिक्रम मात्र

से संतुष्ट होकर, मनोवैज्ञानिक अन्वेषण के द्वारा इतिहास की घटना के भीतर कुछ देखना चाहते हैं। उसके मूल में क्या रहस्य है? आत्मा की अनुभूति! हां, उसी भाव के रूप-ग्रहण की चेष्टा सत्य या घटना बनकर प्रत्यक्ष होती है। फिर, वे सत्य घटनाएं स्थूल और क्षणिक होकर मिथ्या और अभाव में परिणत हो जाती हैं। किन्तु सूक्ष्म अनुभूति या भाव, चिरंतन सत्य के रूप में प्रतिष्ठित रहता है, जिसके द्वारा युग-युग के पुरुषों की और पुरुषार्थों की अभिव्यक्ति होती रहती है।

जल-प्लावन भारतीय इतिहास में एक ऐसी ही प्राचीन घटना है, जिसने मनु को देवों से विलक्षण, मानवों की एक भिन्न संस्कृति प्रतिष्ठित करने का अवसर दिया। वह इतिहास ही है। **'मनवे वै प्रातः'** इत्यादि से इस घटना का उल्लेख शतपथ ब्राह्मण के आठवें अध्याय में मिलता है। देवगण के उच्छृंखल स्वभाव, निर्बाध आत्मतुष्टि में अंतिम अध्याय लगा और मानवीय भाव अर्थात् श्रद्धा और मनन का समन्वय होकर प्राणी को नए युग की सूचना मिली। इस मन्वंतर के प्रवर्त्तक मनु हुए। मनु भारतीय इतिहास के आदि पुरुष हैं। राम, कृष्ण और बुद्ध इन्हीं के वंशज हैं। शतपथ ब्राह्मण में उन्हें श्रद्धादेव कहा गया है, 'श्रद्धादेवो वै मनु, (का० 1 प्र० 1)'। भागवत में इन्हीं वैवस्वत मनु और श्रद्धा से मानवीय सृष्टि का प्रारम्भ माना गया है।

''ततो मनुः श्राद्धदेवः संज्ञायामास भारत
श्रद्धायां जनयामास दश पुत्रानुस आत्मवान्'' (9-1-11)

छांदोग्य उपनिषद् में मनु और श्रद्धा की भावसूचक व्याख्या भी मिलती है। 'यदावै श्रद्धधाति अथ मनुते नाऽश्रद्धधन् मनुते' यह कुछ निरुक्त की-सी व्याख्या है। ऋग्वेद में श्रद्धा और मनु दोनों का नाम ऋषियों की तरह मिलता है। श्रद्धा वाले सूक्त में सायण ने श्रद्धा का परिचय देते हुए लिखा है, 'काम-गोत्रजा श्रद्धानपामर्षिका।' श्रद्धा कामगोत्र की बालिका है, इसीलिए श्रद्धा नाम के साथ उसे कामायनी भी कहा जाता है। मनु प्रथम पथ-प्रदर्शक और अग्निहोत्र प्रज्वलित करने वाले तथा अन्य कई वैदिक कथाओं के नायक हैं:-'मनुर्हवा अग्रे यज्ञेनेजे यदनुकृत्येमाः प्रजा यजन्ते' (5-1 शतपथ)। इनके संबंध में वैदिक साहित्य में बहुत-सी बातें बिखरी हुई मिलती हैं; किंतु उनका क्रम स्पष्ट नहीं है। जल-प्लावन का वर्णन शतपथ ब्राह्मण के प्रथम कांड के आठवें अध्याय से आरम्भ होता है, जिसमें उनकी नाव के उत्तरगिरि हिमवान प्रदेश में पहुंचने का प्रसंग है। वहां ओध के जल का आवरण होने पर मनु भी जिस स्थान पर उतरे उसे मनोरवसर्पण कहते हैं। अपीपरं वै त्वा, वृक्षे नावं प्रतिबध्नीष्व, तं तु त्वा मा गिरौ सन्त मुदकमन्तश्चैत्सीद् यावद् यावदुदकं समवायात्-तावत्-तावदन्व-वसर्पासि इति स ह तावत् तावदेवान्ववससर्प। तदप्येतदुत्तरस्य गिरेर्मनोरवसर्पण-मिति। (8-1)

श्रद्धा के साथ मनु का मिलन होने के बाद उसी निर्जन प्रदेश में उजड़ी हुई सृष्टि को फिर से आरंभ करने का प्रयत्न हुआ। किन्तु असुर पुरोहित के मिल जाने से इन्होंने पशु–बलि की–'किलाताकुली–इति हासुर ब्रह्मावासतुः। तौ होचतुः–श्रद्धादेवो वै मनुः–आवं नु वेदावेति। तौ हागत्योचतुः–मनो। बाजयाब त्वेति।'

इस यज्ञ के बाद मनु में जो पूर्व–परिचित देव–प्रवृत्ति जाग उठी–उसने इड़ा के संपर्क में आने पर उन्हें श्रद्धा के अतिरिक्त एक दूसरी ओर प्रेरित किया। इड़ा के संबंध में शतपथ में कहा गया है कि उसकी उत्पत्ति या पुष्टि पाक यज्ञ से हुई और उस पूर्णयोषिता को देखकर मनु ने पूछा कि "तुम कौन हो?" इड़ा ने कहा, 'तुम्हारी दुहिता हूं।' मनु ने पूछा कि 'मेरी दुहिता कैसे?' उसने कहा, 'तुम्हारे दही, घी इत्यादि के हवियों से ही मेरा पोषण हुआ है।' 'तां ह' मनुरुवाच–'का असि' इति, 'तव दुहिता' इति। 'कथं भगवति? मम दुहिता' इति। (शतपथ 6 प्र० 3 ब्रा०)

इड़ा के लिए मनु को अत्यधिक आकर्षण हुआ और श्रद्धा से वे कुछ खिंचे। ऋग्वेद में इड़ा का कई जगह उल्लेख मिलता है। यह प्रजापति मनु की पथ–प्रदर्शिता मनुष्यों का शासन करने वाली कही गयी है। "इड़ामकृण्वपन्मनुषस्य शासनीम्" (1–31–11 ऋग्वेद)। इड़ा के संबंध में ऋग्वेद में कई मंत्र मिलते हैं। "सरस्वती साधयंती धियं न इड़ा देवी भारती विश्वमूर्त्तिः तिस्त्रो देवीः स्वधयावर्हिरेदमच्छिद्रं पान्तु शरणं निषद्य।" (ऋग्वेद 2–3–8) "आनो यज्ञं भारती तूयं मेत्विड़ा मनुष्यवदिह चेतयंती। तिस्त्रो देवीर्वहिरेदं स्योनं सरस्वती स्वपसः सदंतु,। (10–110–8) इन मंत्रों में मध्यमा, वैखरी और पश्यंती की प्रतिनिधि भारती, सरस्वती के साथ इड़ा का नाम आया है। लौकिक संस्कृति में इड़ा शब्द पृथ्वी अर्थात् बुद्धि, वाणी आदि का पर्यायवाची है।–"गो भू र्वाचात्स्विड़ा इला"–(अमर)। इस इड़ा या वाक् के साथ मनु या मन के एक और विवाद का भी शतपथ में उल्लेख मिलता है जिसमें दोनों अपने महत्व के" लिए झगड़ती हैं" अथतोमनसश्च" (4 अध्याय 5 ब्राह्मण)। ऋग्वेद में झड़ा को घी?, बुद्धि का साधन करने वाली; मनुष्य को चेतना प्रदान करने वाली कहा है। पिछले काल में सभवतः इड़ा को पृथ्वी आदि से सम्बद्ध कर दिया गया हो, किन्तु ऋग्वेद 5–5–8 में इड़ा ओर सरस्वती के साथ मही का अलग उल्लेख स्पष्ट है। "इड़ा सरस्वती मही तिस्त्रोदेवी मयोभुवः" से मालूम पड़ता है कि मही से इड़ा भिन्न है। इड़ा को मेघसवाहिनी नाड़ी भी कहा गया है।

अनुमान किया जा सकता है बुद्धि का विकास, राज्य–स्थापना इत्यादि इड़ा के प्रभाव से ही मनु ने किया। फिर तो इड़ा पर भी अधिकार करने की चेष्टा के कारण मनु को देवगण का कोपभाजन होना पड़ा। 'तद्वै देवानां आग आस'(7–4 शतपथ)। इड़ा देवताओं की स्वसा थी। मनुष्यों को चेतना प्रदान करने वाली थी। इसलिए यज्ञों में इड़ा का

बुद्धिवाद श्रद्धा और मनु के बीच व्यवधान बनाने में सहायक होता है। फिर बुद्धिवाद के विकास में अधिक सुख की खोज में, दुख मिलना स्वाभाविक है। यह आख्यान इतना प्राचीन है कि इतिहास में रूपक का भी अद्भुत मिश्रण हो गया है। इसलिए मनु, श्रद्धा और इड़ा इत्यादि अपना ऐतिहासिक अस्तित्व रखते हुए, सांकेतिक अर्थ की भी अभिव्यक्ति करें तो मुझे कोई आपत्ति नहीं। मनु अर्थात् मन के दोनों पक्ष हृदय और मस्तिष्क का संबंध क्रमश: श्रद्धा और इड़ा से भी सरलता से लगाया जाता है। 'श्रद्धा हृदय याकूत्या श्रद्धया विन्दते वसु! (ऋग्वेद 10-151-4) इन्हीं सबके आधार पर 'कामायनी' की कथा-सृष्टि हुई है। हां, 'कामायनी' की कथा शृंखला मिलाने के लिए कही-कहीं थोड़ी-बहुत कल्पना को भी काम में ले लाने का अधिकार मैं नहीं छोड़ सका हूं।

–जयशंकर प्रसाद

चिंता

हिमगिरि के उत्तुंग शिखर पर, बैठ शिला की शीतल छाँह,
एक पुरुष, भीगे नयनों से देख रहा था प्रलय प्रवाह।
नीचे जल था ऊपर हिम था, एक तरल था एक सघन,
एक तत्त्व की ही प्रधानता–कहो उसे जड़ या चेतन।
दूर-दूर तक विस्तृत था हिम स्तब्ध उसी के हृदय-समान,
नीरवता-सी शिला-चरण से टकराता फिरता पवमान।
तरुण तपस्वी-सा वह बैठा साधन करता सुर-स्मशान,
नीचे प्रलयसिंधु लहरों का होता था सकरुण अवसान।
उसी तपस्वी-से लम्बे थे देवदारु दो चार खड़े,
हुए हिम-धवल, जैसे पत्थर बन कर ठिठुरे रहे अड़े।
अवयव की दृढ़ मांस-पेशियां, ऊर्जस्वित था वीर्य्य अपार,
स्फीत शिरायें, स्वस्थ रक्त का होता था जिनमें संचार।
चिंता-कातर वदन हो रहा पौरुष जिसमें ओत-प्रोत,
उधर उपेक्षामय यौवन का बहता भीतर मधुमय स्त्रोत।
बंधी महावट से नौका थी सूखे में अब पड़ी रही,
उतर चला था वह जल-प्लावन, और निकलने लगी मही।
निकल रही थी मर्म वेदना करुणा विकल कहानी सी,
वहां अकेली प्रकृति सुन रही, हंसती-सी पहचानी-सी।

"ओ चिंता की पहली रेखा, अरी विश्व-वन की व्याली,
ज्वालामुखी स्फोट के भीषण प्रथम कम्प-सी मतवाली।

हे अभाव की चपल बालिके, री ललाट की खललेखा,
हरी-भरी-सी दौड़-धूप, ओ जल-माया की चल-रेखा।
इस ग्रहकक्षा की हलचल-री तरल गरल लघु-लहरी,
जरा अमर-जीवन की, और न कुछ सुनने वाली, बहरी।
अरी व्याधि की सूत्र-धारिणी-अरी आधि, मधुमय अभिशाप।
हृदय-गगन में धूमकेतु-सी, पुण्ड-सृष्टि में सुन्दर पाप।
मनन करावेगी तू कितना? उस निश्चिंत जाति का जीव-
अमर मरेगा क्या? तू कितनी गहरी डाल रही है नींव।
आह ! घिरेगी हृदय-लहलहे-खेतों पर करका-घन-सी,
छिपी रहेगी अंतरतम में सब के तू निगूढ धन-सी।
बुद्धि, मनीषा, मति, आशा, चिंता तेरे हैं कितने नाम !
अरी पाप है तू, जा, चल जा यहां नहीं कुछ तेरा काम।
विस्मृत आ, अवसाद घेर ले, नीरवते ! बस चुप कर दे,
चेतनता चल जा, जड़ता से आज शून्य मेरा भर दे।''

''चिंता करता हूं मैं जितनी उस अतीत की, उस सुख की,
उतनी ही अनंनत में बनती जातीं रेखायें दुख की।
आह सर्ग के अग्रदूत! तुम असफल हुए, विलीन हुए,
भक्षक या रक्षक जो समझो, केवल अपने मीन हुए।
अरी आंधियो ! ओ बिजली की दिवा-रात्रि तेरा नर्तन,
उसी वासना की उपासना, वह तेरा प्रत्यावर्त्तन।
मणि-दीपों के अंधकारमय अरे निराशा पूर्ण भविष्य!
देव-दंभ के महामेघ में सब कुछ ही बन गया हविष्य।
अरे अमरता के चमकीले पुतलो! तेरे वे जयनाद-
कांप रहे हैं आज प्रतिध्वनि बन कर मानो दीन विषाद।
प्रकृति रही दुर्जेय, पराजित हम सब थे भूले मद में,
भोले थे, हॉं तिरते केवल सब विलासिता के नद में।

वे सब डूबे, डूबा उनका विभव, बन गया पारावार–
उमड़ रहा था देव-सुखों पर दुःख-जलाधि का नाद अपार।"

"वह उन्मत्त विलास हुआ क्या ! स्वप्न रहा या छलना थी!
देवसृष्टि की सुख-विभावरी ताराओं की कलना थी।
चलते थे सुरभित अंचल से जीवन के मधुमय निश्वास,
कोलाहल में मुखरित होता देव जाति का सुख-विश्वास।
सुख, केवल सुख का वह संग्रह, केंद्रीभूत हुआ इतना,
छायापथ में नव तुषार का सघन मिलन होता जितना।
सब कुछ थे स्वायत्त, विश्व के–बल, वैभव, आनंद अपार,
उद्वेलित, लहरों-सा होता उस समृद्धि का सुख-संचार।
कीर्त्ति, दीप्ति, शोभा थी नचती अरुण-किरणों-सी चारों ओर,
सप्तसिंधु के तरल कणों में, द्रुम-दल में, आनंद-विभोर।
शक्ति रही हां शक्ति–प्रकृति थी पद-तल में विनम्र विश्रांत,
कंपती धरणी उन चरणों से होकर प्रतिदिन ही आक्रांत।
स्वयं देव थे हम सब, तो फिर क्यों न विशृंखल होती सृष्टि?
अरे अचानक हुई इसी से कड़ी आपदाओं की वृष्टि।
गया, सभी कुछ गया, मधुर तम सुर-बालाओं का शृंगार,
उषा ज्योत्स्ना-सा यौवन-स्मित मधुप-सदृश निश्चिंत विहार।
भरी वासना-सरिता का वह कैसा था मदमत्त प्रवाह,
प्रलय-जलधि में संगम जिसका देख हृदय था उठा कराह।"

"चिर-किशोर-वय, नित्यविलासी–सुरभित जिससे रहा दिगंत
आज तिरोहित हुआ कहां वह मधु से पूर्ण अनंत वसंत?
कुसुमित कुंजों में वे पुलकित प्रेमालिंगन हुए विलीन,
मौन हुई है मूर्च्छित तानें और न सुन पड़ती अब बीन।
अब न कपोलों पर छाया-सी पड़ती मुख की सुरभित भाप,

भुज-भूलों में शिथिल वसन की व्यस्त न होती है अब माप।
कंकण क्वणित, रणित नूपुर थे, हिलते थे छाती पर हार,
मुखरित था कलरव, गीतों में स्वर लय को होता अभिसार।
सौरभ से दिगंत पूरित था, अंतरिक्ष आलोक-अधीर,
सब में एक अचेतन गति थी, जिससे पिछड़ा रहे समीर।
वह अनंग-पीड़ा-अनुभव-सा अंग-भगियों का नर्तन,
मधुकर के मरंद-उत्सव-सा मदिर भाव से आवर्तन
सुरा सुरभिमय बदन अरुण से नयन भरे आलस अनुराग,
कल कपोल था जहाँ बिछलता कल्पवृक्ष का पीत पराग।
विकल वासना के प्रतिनिधि से सब मुरझाये चले गये,
आह! जले अपनी ज्वाला से सिर वे जल में गले, गये।''

''अरी अपेक्षा-भरी अमरते! री अतृप्ति! निर्बाध विलास!
द्विधा-रहित अपलक नयनों की भूख-भरी दर्शन की प्यास।
बिछुड़े तेरे सब आलिंगन, पुलक-स्पर्श का पता नहीं,
मधुमय चुंबन कातरतायें, आज न मुख को सता रहीं।
रत्न-सौध के वातायन- जिसमें आता मधु-मन्दर समीर,
टकराती होगी अब उनमें तिमिंगिलों की भीड़ अधीर।
देवकामिनी के नयनों से जहां नील नलिनों की सृष्टि-
होता थी, अब वहां हो रही प्रलयकारिणी भीषण वृष्टि।
वे अम्लान-कुसुम-सुरभित-मणि-रचित मनोहर मालायें,
बनी श्रृंखला, जकड़ीं जिनमें विलासिनी सुर-बालायें।
देव-यजन के पशुयज्ञों की वह पूर्णाहुति की ज्वाला,
जलनिधि में बन जलती कैसी आज लहरियों की माला।''
''उनको देख कौन रोया यों अंतरिक्ष में बैठ अधीर!
व्यस्त बरसने लगा अश्रुमय यह प्रालेय हलाहल नीर!
हाहाकार हुआ क्रंदनमय कठिन कुलिश होते थे चूर,

हुए दिगंत बधिर, भीषण रव बार-बार होता था क्रूर।
दिग्दाहों से घूम उठे, या जलधर उठे क्षितिज-तट के!
सघन गगन में भीमप्रकंपन, झंझा के चलते झटके।
अंधकार में मलिन मित्र की धुंधली आभा लीन हुई,
वरुण व्यस्त थे, घनी कालिमा स्तर-स्तर जमती पीन हुई।
पंचभूत का भैरव मिश्रण, शंपाओं के शकल-निपात
उल्का लेकर अमर शक्तियां खोज रहीं ज्यों खोया प्रात।
बार-बार उस भीषण रव से कंपती धरती देख विशेष,
मानो नील व्योम उतरा हो आलिंगन के हेतु अशेष।
उधर गरजतीं सिंधु लहरियां कुटिल काल के जालों सी,
चली आ रहीं फेन उगलती फन फैलाये व्यालों-सी।
धंसती धरा, धधकती ज्वाला, ज्वाला-मुखियों के निश्वास
और संकुचित क्रमशः उसक अवयव का होता था ह्रास।
सबल तरंगाघातों से उस क्रुद्ध सिंधु के, विचलित-सी-
व्यस्त महाकच्छप-सी धरणी ऊभ-चूभ थी विकलित-सी।
बढ़ने लगा विलास-वेग-सा वह अतिभैरव जल-संघाात,
तरल-तिमिर से प्रलय-पवन का होता आलिंगन, प्रतिघात।
बेला क्षण-क्षण निकट आ रही क्षितिज क्षीण, फिर लीन हुआ,
उदधि डुबाकर अखिल धारा को बस मर्यादा-हीन हुआ!
पंचभूत का यह तांडवमय नृत्य हो रहा था कब का।''

''एक नाव थी, और न उसमें डांड़े लगते, या पतवार,
तरल तरंगो में उठ-गिरकर बहती पगली बारंबार।
लगते प्रबल थपेड़े, धुधले तट का था कुछ पता नहीं,
कातरता से भरी निराशा देख नियति पथ बनी वहीं।
लहरें व्योम चूमती उठतीं, चपलायें असंख्य नचतीं,
गरल जलद की खड़ी झड़ी में बूंदे निज संसृति रचतीं।

चपलायें उस जलधि-विश्व में स्वयं चमत्कृत होती थीं,
ज्यों विराट बाड़व-ज्वालायें खंड-खंड हो रोती थीं।
जलनिधि के तलवासी जलचर विकल निकलते उतराते,
हुआ विलोड़ित गृह, तब प्राणी कौन! कहाँ! कब! सुख पाते?
घनीभूत हो उठे पवन, फिर श्वासों की गति होती रुद्ध,
और चेतना थी विलखाती, दृष्टि विफल होती थी क्रुद्ध
उस विराट् आलोड़न में ग्रह, तारा बुद-बुद से लगते,
प्रखर प्रलय-पावस में जगमग, ज्योतिरिंगणों-से जगते।
प्रहर दिवस कितने बीते, अब इसको कौन बता सकता,
इनके सूचक उपकरणों को चिह्न न कोई पा सकता।
काला शासन-चक्र मृत्यु का कब तब चला, न स्मरण रहा,
महामत्स्य का एक चपेटा दीन पोत का मरण रहा
किंतु, उसी न ला टकराया इस उत्तरगिरि के शिर से,
देव-सृष्टि का ध्वंस अचानक श्वास लगा लेने फिर से।
आज अमरता का जीवित हूं मैं वह भीषण जर्जर दंभ,
आह सर्ग के प्रथम अंक का अधम-पात्र मय सा विष्कंभ।''

'ओ जीवन की सरु-मरीचिका, कायरता के अलस विषाद!
अरे पुरातन अमृत! अगतिमय मोहमुग्ध जर्जर अवसाद!
मौन! नाश! विध्वंस! अंधेरा! शून्य बना जो प्रकट अभाव,
वहीं सत्य है, अरी अमरते! तुझको! यहां कहां अब ठांव।
मृत्यु, अरी चिर-निद्रे! तेरा अंक हिमानी-सा शीतल,
तू अनंत में लहर बनाती काल-जलधि की-सी हलचल।
महानृत्य का विषय सम अरी अखिल स्पंदनों की तू माप,
तेरी ही विभूति बनती है सृष्टि सदा होकर अभिशाप।
अंधकार के अट्टहास-सी मुखरित सतत चिंरतन सत्य,
छिपी सृष्टि के कण-कण में तू यह सुंदर रहस्य है नित्य।

जीवन तेरा क्षुद्र अंश है व्यक्त नीन धन-माला में,
सौदामिनी-संधि-सा सुन्दर क्षण भर रहा उजाला में।''

पवन पी रहा था शब्दों को निर्जनता की उखड़ी सांस,
टकराती थी, दीन प्रतिध्वनि बनी हिम-शिलाओं के पास।
धू-धू करता नाच रहा था अनस्तित्व का तांडव नृत्य,
आकर्षण-विहीन विद्युत्कण बने भारवाही थे भृत्य।
मृत्यु सदृश शीतल निराश ही आलिंगन पाती थी दृष्टि,
परमव्योम से भौतिक कण-सी घने कुहासों की थी वृष्टि।
वाष्प बना उड़ता जाता था या वह भीषण जल-संघात,
सौरचक्र में आवर्त्तन था प्रलय निशा का होता प्रात!

आशा

उषा सुनहले तीर बरसती जयलक्ष्मी-सी उदित हुई,
उधर पराजित कालरात्रि भी जल में अंतर्निहित हुई
वह विवर्ण मुख त्रस्त प्रकृति का आज लगा हंसने फिर से,
वर्षा बीती, हुआ सृष्टि में शरद-विकास नये सिर से।
नव कोमल आलोक बिखरता हिम-संसृति पर भर अनुराग,
सित सरोज पर क्रीड़ा करता जैसे मधुमय पिंग पराग।
धीरे-धीरे हिम-आच्छादन हटने लगा धरातल से,
जगीं वनस्पतियां अलसाई मुख धोती शीतल जल से।
नेत्र निमीलन करती मानो प्रकृति प्रबुद्ध लगी होने,
जलधि लहरियों की अंगड़ाई बार-बार जाती सोने।
सिंधुसेज पर धरावधू अब तनिक संकुचित बैठी-सी,
प्रलय निशा की हलचल स्मृति में मान किये सी ऐंठी-सी।
देखा मनु ने वह अतिरंजित विजन विश्व का नव एकांत,

जैसे कोलाहल सोया हो हिम-शीतल जड़ता-सा श्रांत।
इंद्रनीलमणि महा चषक था सोम-रहित उलटा लटका,
आज पवन मृदु सांस ले रहा जैसे बीत गया खटका।
वह विराट् था हेम घोलता नया रंग भरने को आज,
'कौन?' हुआ यह प्रश्न अचानक और कुतूहल का था राज!

"विश्वदेव, सविता या पूषा, सोम, मरुत, चंचल पवमान,
वरुण आदि सब घूम रहे हैं किसके शासन में अम्लान?
किसका था भ्रू-भंग प्रलय-सा जिसमें ये सब विकल रहे,
अरे! प्रकृति के शक्ति-चिह्न ये फिर भी कितने निबल रहे!
विकल हुआ-सा कांप रहा था, सकल भूत चेतन समुदाय,
उनकी कैसी बुरी दशा थी वे थे विवश और निरुपाय
देव न थे हम और न ये हैं, सब परिवर्तन के पुतले,
हां कि गर्व-रथ में तुरंग-सा, जितना जो चाहे जुत ले।"

"महानील इस परम व्योम में, अंतरिक्ष में ज्योतिर्मान,
ग्रह, नक्षत्र और विद्युत्कण किसका करते-से संधान!
छिप जाते हैं और निकलते आकर्षण में खिंचे हुए,
तृण, वीरुध लहलहे हो रहे किसके रस से खिंचे हुए?
सिर नीचा कर किसकी सत्ता सब करते स्वीकार यहां,
सदा मौन हो प्रवचन करते जिसका, वह अस्तित्व कहां?
हे अनंत रमणीय! कौन तुम? यह मै कैसे कह सकता,
कैसे हो? क्या हो? इसका तो भार विचार न सह सकता।
हे विराट्! हे विश्वदेव! तुम कुछ हो, ऐसा होता भान—
मंद्र-गंभीर-धीर-स्वर-संयुत यही कर रहा सागर गान।"

"यह क्या मधुर स्वप्न-सी झिलमिल सदय हृदय में अधिक अधीर,

व्याकुलता-सी व्यक्त हो रही आशा बनकर प्राण-समीर!
यह कितनी स्पृहणीय बन गई मधुर जागरण-सी छविमान,
स्मिति की लहरों-सी उठती है नाच रही ज्यों मधुमय तान।
जीवन! जीवन! की पुकार है खेल रहा है शीतल-दाह—
किसके चरणों में नत होता नव प्रभाव का शुभ उत्साह।
मैं हूं, यह वरदार सदृश क्यों लगा गूंजने कानों में!
मैं भी कहने लगा, 'मैं रहूं' शाश्वत नभ के गानों में
यह संकेत कर रही सत्ता किसकी सरल विकासमयी,
जीवन की लालसा आज क्यों इतनी प्रखर विलासमयी?
तो फिर क्या मैं जिऊं और भी—जीकर क्या करना होगा?
देव! बता दो, अमर-वेदना लेकर कब मरना होगा?"

एक यवनिका, हटी, पवन से प्रेरित मायापट जैसी।
ओर आवरण-मुक्त प्रकृति थी हरी-भरी फिर भी वैसी।
स्वर्ण शालियों की कलमें थीं दूर दूर तक फैल रहीं,
शरद-इन्दिरा के मंदिर की मानो कोई गैल रही।

विश्व-कल्पना-सा ऊंचा वह सुख-शीतल-संतोष-निदान,
और डूबती -सी अचला का अवलंबन, मणि-रत्न-निधान।
अचल हिमालय का शोभनतम लता-कलित शुचि सानु-शरीर।
निद्रा में सुख-स्वप्न देखता जैसे पुलकित हुआ अधीर।
उमड़ रही जिसके चरणों में नीरवता की विमल विभूति,
शीतल झरनों की धाराएं बिखरातीं जीवन-अनुभूति!
उस असीम नीले अंचल में देख किसी को मृदु मुसकान,
मानो हंसी हिमालय की है फूट चली करती कल गान।
शिला-संधियों में टकराकर पवन भर रहा था गुंजार,
उस दुर्भेद्य अचल दृढ़ता का करता चारण-सदृश प्रचार।

संध्या -घनमाला की सुंदर ओढ़े रंग-बिरंगी छींट,
गगन-चुंबिनी शैल-श्रेणियां पहने हुए तुषार-किरीट।
विश्व-मौन, गौरव, महत्त्व की प्रतिनिधियों से भरी विभा,
इस अनंत प्रांगण में मानों जोड़ रही है मौन सभा।
वह अनंत नीलिमा व्योम की जड़ता-सी जो शांत रही,
दूर-दूर ऊंचे से ऊंचे निज अभाव में भ्रांत रही।
उसे दिखाती जगती का सुख, हंसी, और उल्लास अजान,
मानों तुंग-तरंग विश्व की हिमगिरी की वह सुढर उठान।

थीं अनंत की गोद सदृश जो विस्तृत गुहा वहां रमणीय,
उसमें मनु ने स्थान बनाया सुंदर, स्वच्छ और वरणीय।
पहला संचित अग्नि जल रहा पास मलिन-द्युति रवि-कर से,
शक्ति और जागरण-चिह्न-सा लगा धधकने अब फिर से।
जलने लगा निरन्तर उनका अग्निहोत्र सागर के तीर,
मनु ने तप में जीवन अपना किया समर्पण होकर धीर।
सजग हुई फिर से सुर-संस्कृति देव-यजन की वर माया,
उन पर लगी डालने अपनी कर्ममयी शीतल छाया।

उठे स्वस्थ मनु ज्यों उठता है क्षितिज बीज अरुणोदय कांत,
लगे देखने लुब्ध नयन से प्रकृति-विभूति मनोहर, शांत।
पाकयज्ञ करना निश्चित कर लगे शालियों को चुनने,
उधर वह्नि-ज्वाला भी अपना लगी धूम-पट थी बुनने।
शुष्क डालियों से वृक्षों की अग्नि-अर्चियां हुई समिद्ध,
आहुति के नव धूमगंध से नभ-कानन हो गया समृद्ध।
और सोचकर अपने मन में 'जैसे हम हैं बचे हुए-
क्या आश्चर्य ओर कोई हो जीवन-लीला रचे हुए'',
अग्निहोत्र-अवशिष्ट अन्न कुछ कहीं दूर रख आते थे,

होगा इससे तृप्त अपरिचित समझ सहज सुख पाते थे।
दुख का गहन पाठ पढ़कर अब सहानुभूति समझते थे,
नीरवता की गहराई में मग्न अकेले रहते थे।
मनन किया करते वे बैठे ज्वलित अग्नि के पास वहां,
एक सजीव, तपस्या जैसे पतझड़ में कर वास रहा।[1]
फिर भी धड़कन कभी हृदय में होती चिंता कभी नवीन,
यों ही लगा बीतने उनका जीवन अस्थिर दिन-दिन दीन।
प्रश्न उपस्थित नित्य नये थे अंधकार की माया में,
रंग बदलते जो पल-पल में उस विराट् की छाया में!
अर्ध प्रस्फुटित उत्तर मिलते प्रकृति सकर्मक रही समस्त,
निज अस्तित्व बना रखने में जीवन आज हुआ था व्यस्त।
तप में निरत हुए मनु, नियमित–कर्म लगें अपना करने,
विश्वरंग में कर्मजाल के सूत्र लगे घन हो घिरने।
उस एकान्त नियति-शासन में चले विवश धीरे-धीरे,
एक शांत स्पंदन लहरों का होता ज्यों सागर-तीरे।

विजन जगत की तंद्रा में तब चलता था सूना सपना,
ग्रह-पथ के आलोक-वृत्त से काल जाल तनता अपना।
प्रहर, दिवस, रजनी आती थी चल आती संदेश-विहीन,
एक विरागपूर्ण संसृति में ज्यों निष्फल आरम्भ नवीन।
धवल, मनोहर चंद्रबिंब से अंकित सुन्दर स्वच्छ निशीथ,
जिसमें शीतल पवन गा रहा पुलकित हो पावन उद्गीथ।
नीचे दूर-दूर विस्तृत था उर्मिल सागर व्यथित, अधीर,
अंतरिक्ष में व्यस्त उसी-सा रहा चंद्रिका-निधि गंभीर।

खुली उसी रमणीय दृश्य में अलस चेतना की आंखें,
हृदय-कुसुम की खिली अचानक मधु से वे भींगी पाँखें।

1. एक सजी तपस्या का मानो पतझड़ में राज्य रहा (पाण्डुलिपि)

व्यक्त नील में चल प्रकाश का कंपन सुख बन बजता था,
एक अतींद्रिय स्वप्न–लोक का मधुर रहस्य उलझता था।
नव हो जगी अनादि वासना मधुर प्राकृतिक भूख–समान,
चिर–परिचित–सा चाह रहा था द्वन्द सुखद करके अनुमान
दिवा रात्रि या–मित्र वरूण की बाला का अक्षय श्रृंगार,
मिलन लगा हंसने जीवन के उर्मिल सागर के उस पार।
तप से संयम का संचित बल, तृषित और व्याकुल था आज–
अट्टहास कर उठा रिक्त का वह अधीर–तम–सूना राज।
धीर–समीर–परस से पुलकित विकल हो चला श्रांत–शरीर,
आशा की उलझी अलकों से उठी लहर मधुगंध अधीर।
मनु का मन था विकल हो उठा संवेदन से खाकर चोट,
संवेदन! जीवन जगती को जो कटुता से देता घोंट।

''आह! कल्पना का सुंदर यह जगत मधुर कितना होता!
सुख–स्वप्नों का दल छाया में पुलकित हो जगता–सोता।
संवेदन का और हृदय का यह संघर्ष न हो सकता,
फिर अभाव असफलताओं की गाथा कौन कहां बकता!
कब तक और अकेले? कह दो हे मेरे जीवन बोलो?
किसे सुनाऊं कथा–कहो मत, अपनी निधि न व्यर्थ खोलो।''

''तम के सुंदरतम रहस्य, हे कांति–किरण–रंजित तारा!
व्यथित विश्व के सात्विक शीतल बिंदु, भरे नव रस सारा।
आतप–तापित जीवन–सुख की शांतिमयी छाया के देश,
हे अनंत की गणना! देते तुम कितना मधुमय संदेश!
आह शून्यते! चुप होने में तू क्यों इतनी चतुर हुई?
इंद्रजाल–जननी! रजनी तू क्यों अब इतनी मधुर हुई?''

"जब कामना सिंधु तट आई ले संध्या का तारा-दीप,
फाड़ सुनहली साड़ी उसकी तू हंसती क्यों अरी प्रतीप?
इस अनंन काले शासन का वह जब उच्छृङ्खल इतिहास,
आंसू औ, तम घोल लिख रही तू सहसा करती मृदु हास।
विश्व कमल की मृदुल मधुकरी रजनी तू किस कोने से-
आती चूम-चूम चल जाती पढ़ी हुई किस टोने से।
किस दिगंत रेखा में इतनी संचित कर सिसकी-सी सांस,
यों समीर मिस हांफ रही-सी चली जा रही किसके पास।
विकल खिलखिलाती है क्यों तू! इतनी हंसी न व्यर्थ बिखेर,
तुहिन कणों, फेनिल लहरों में, मच जावेगी फिर अंधेर।
घूंघट उठा देख मुसकाती किसे ठिठकती-सी आती।
विजन गगन में किसी भूल-सी किसको स्मृति-पथ में लाती।
रजत-कुसुम के नव पराग-सी उड़ा न दे तू इतनी धूल-
इस ज्योत्स्ना की, अरी बावली तू इसमें जावेगी भूल।
पगली! हां सम्हाल ले, कैसे छूट पड़ा तेरा अंचल?
देख, बिखरती है मणिराजी-अरी उठा बेसुध चंचल।
फटा हुआ था नील वसन क्या ओ यौवन की मतवाली!
देख, अकिंचन जगत लूटता तेरी छवि भोली-भाली!
ऐसे अतुल अनंन विभव में जाग पड़ा क्यों तीव्र विराग?
या भूली-सी खोज रही कुछ-जीवन की छाती के दाग।"

"मै भी भूल गया हूं कुछ, हां स्मरण नहीं होता, क्या था?
प्रेम, वेदना, भ्रांति या कि क्या? मन जिसमे सुख सोता था!
मिले कहीं वह पड़ा अचानक, उसको भी न लुटा देना;
देख तुझे भी दूंगा तेरा भाग, न उसे भुला देना!"

श्रद्धा

"कौन तुम? संसृति-जलनिधि तीर-तरंगों से फेंकी मणि एक,
कर रहे निर्जन का चुपचाप प्रभा की धारा से अभिषेक?
मधुर विश्रांत और एकांत-जगत का सुलभा हुआ रहस्य,
एक करुणामय सुन्दर मौन और चंचल मन का आलस्य!"

सुना यह मनु ने मधु गुंजार मधुकरी का-सा जब सानंद,
किए मुख नीचा कमल समान प्रथम कवि का ज्यों सुंदर छंद,
एक झिटका-सा लगा सहर्ष, निरखने लगे लूटे-से, कौन-
गा रहा यह सुदंर संगीत? कुतूहल रह न सका फिर मौन।
और देखा वह सुंदर दृश्य नयन का इंद्रजाल अभिराम,
कुसुम-वैभव में लता समान चंद्रिका से लिपटा घनश्याम।
हृदय की अनुकृति बाह्य उदार एक लंबी काया, उन्मुक्त
मधु-पवन-क्रीड़ित ज्यों शिशु साल, सुशोभित हो सौरभ-संयुक्त।
मसृण, गांधार देश के नील रोम वाले मेषों के चर्म,
ढंक रहे थे उसका वपु कांत बन रहा था वह कोमल वर्म।
नील परिधान बीच सुकुमार खुल रहा मृदुल अधखुला अंग,
खिला हो ज्यों बिजली का फूल मेघवन बीच गुलाबी रंग।
आह वह मुख! परिचम के व्योम बीच जब घिरते हों घन श्याम,
अरुण रवि-मंडल उनको भेद दिखाई देता हो छविधाम।
या कि, नव इंद्रनील लघु श्रृंग फोड़ कर धधक रही हो कांत-
एक लघु ज्वालामुखी अचेत माधवी रजनी में अश्रांत।
घिर रहे थे घुंघराले बाल अंस अवलंबित मुख के पास,
नील घनशावक-से सुकुमार सुधा भरने को विधु के पास।
और, उस मुख पर वह मुसकान! रक्त किसलय पर ले विश्राम-
अरुण की एक किरण अम्लान अधिक अलसाई हो अभिराम।

नित्य-यौवन छवि से ही दीप्त विश्व की करुण कामना मूर्ति,
स्पर्श के आकर्षण से पूर्ण प्रकट करती ज्यों जड़ में स्फूर्त्ति।
उषा की पहिली लेखा कांत, माधुरी से भींगी भर मोद,
मद भरी जैसे उठे सलज्ज भोर की तारक-द्युति की गोद।
कुसुम कानन अंचल में मंद-पवन प्रेरित सौरभ साकार,
रचित-परमाणु-पराग-शरीर खड़ा हो, ले मधु का आधार।
और, पड़ती हो उस पर शुभ्र नवल मधु-राका मन की साध,
हंसी का मदविह्वल प्रतिबिंब मधुरिमा खेला सदृश अबाध!

कहा मनु ने "नभ धरणी बीच बना जीवन रहस्य निरुपाय,
एक उल्का-सा जलता भ्रांत, शून्य में फिरता हूं असहाय।
शैल निर्झर न बना हत भाग्य, गल नहीं सका जो कि हिम-खंड,
दौड़ कर मिला न जलनिधि-अंक आह वैसा ही हूं पाषंड।
पहेली-सा जीवन है व्यस्त, उसे सुलझाने का अभिमान-
बताता है विस्मृति का मार्ग चल रहा हूं बनकर अनजान।
भूलता ही जाता दिन-रात सजल-अभिलाषा-कलित अतीत,
बढ़ रहा तिमिर-गर्भ में नित्य, दीन जीवन का यह संगीत।
क्या कहूं, क्या हूं मैं उद्भ्रांत? विवर में नील गगन के आज!
वायु की भटकी एक तरंग, शून्यता को उजड़ा-सा राज।
एक विस्मृति का स्तुप अचेत, ज्योति का धूंधला-सा प्रतिबिंब!
और जड़ता की जीवन-राशि, सफलता का संकलित विलम्ब।"

"कौन हो तुम वसंत के दूत विरस पतझड़ में अति सुकुमार!
धन-तिमिर में चपला की रेख, तपन में शीतल मंद बयार।
नखत की आशा-किरण समान, हृदय के कोमल कवि के कांत-
कल्पना की लघु लहरी दिव्य, कर रही मानस-हलचल शांत!"
लगा कहने आगंतुक व्यक्ति मिटाता उत्कंठा सविशेष,
दे रहा हो कोकिल सानंद सुमन कोज्यों मधुमय संदेश-

"भरा था मन में नव उत्साह सीख लूं ललित कला का ज्ञान,
इधर रह गंधर्वों के देश, पिता की हूं प्यारी संतान।
घूमन का मेरा अभ्यास बढ़ा था मुक्त-व्योम-तल नित्य,
कुतूहल खोज रहा था, व्यस्त[1] हृदय-सत्ता का सुंदर सत्य।
दृष्टि जब जाती हिमगिरि ओर प्रश्न करता मन अधिक अधीर,
धरा की यह सिकुड़न भयभीत आह, कैसी है? क्या है पीर?
मधुरिमा में अपनी ही मौन एक सोया संदेश महान,
सजग हो करता था संकेत, चेतना मचल उठी अनजान।
बढ़ा मन और चले ये पैर, शैल-मालाओं का शृंगार,
आंख की भूख मिटी यह देख आह कितना सुंदर संभार!
एक दिन सहसा सिंधु अपार लगा टकराने नग तल क्षुब्ध
अकेला यह जीवन निरुपाय आज तक घुम रहा विश्रब्ध।
यहां देखा कुछ बलि का अन्न, भूत-हित-रत किसका यह दान!
इधर कोई है अभी सजीव, हुआ ऐसा मन में अनुमान।

तपस्वी! क्यों इतने हो क्लांत? वेदना का यह कैसा वेग?
आह! तुम कितने अधिक हताश—बताओ यह कैसा उद्वेग!
हृदय में क्या है नही अधीर—लालसा जीवन की निश्शेष?
कर रहा वंचित कहीं न त्याग तुम्हें, मन में धर सुंदर वेश!
दुःख के डर से तुम अज्ञात जटिलताओं का कर अनुमान,
काम से झिझक रहे हो आज, भविष्यत् से बनकर अनजान!
कर रही लीलामय आनंद—महाचिति सजग हुई-सी व्यक्त,
विश्व का उल्मीलन अभिराम—इसी में सब होते अनुरक्त।
काम-मंगल से मंडित श्रेय, सर्ग इच्छा का है परिणाम,
तिरस्कृत कर उसको तुम भूल बनाते हो असफल भावधाम।"

1. व्यस्त = छिन्न : द्रष्टव्य—वृत्रो अशयद्व्यस्तः—ऋग्वेद 1—2—7, सायण ने भी व्यस्त के भाष्य में कहा है "व्यस्तः विविधं क्षिप्तं"।

''दु:ख की पिछली रजनी बीच विकसता सुख का नवल प्रभात,
एक परदा यह झीना नील छिपाये है जिसमें सुख गात।
जिसे तुम समझे हो अभिशाप, जगत की ज्वालाओं का मूल–
ईश का वह रहस्य वरदान, कभी मत इसको जाओ भूल।
विषमता की पीड़ा से व्यस्त हो रहा स्पंदित विश्व महान,
यही दुख-सुख, विकास का सत्य यही भूमा का मधुमय दान।
नित्य समरसता का अधिकार उमड़ता कारण-जलधि समान,
व्यथा से नीली लहरों बीच बिखरते सुख-मणिगण द्युतिमान।''

लगे कहने मनु सहित विषाद:-''मधुर मारुत्-से ये उच्छ्वास
अधिक उत्साह तरंग अबाध उठाते मानस में सविलास।
किन्तु जीवन कितना निरुपाय! लिया है देख, नहीं संदेह,
निराशा है जिसका परिणाम, सफलता का वह कल्पित गेह।''

कहा आगंतुक ने सस्नेह:–''अरे, तुम इतने हुए अधीर।
हार बैठे जीवन का दांव, जीतते मर कर जिसको वीर!
तप नहीं केवल जीवन-सत्य करुण यह क्षणिक दीन अवसाद,
तरल आकांक्षा से है भरा–सो रहा आशा का आह्लाद।
प्रकृति के यौवन का श्रृंगार करेंगे कभी न बासी फूल,
मिलेंगे वे जाकर अति शीघ्र आह उत्सुक है उनकी धूल।
पुरातनता का यह निर्मोक सहन करती न प्रकृति पल एक,
नित्य नूतनता का आनंद किये है परिवर्तन में टेक।
युगों की चट्टानों पर सृष्टि डाल पद-चिह्न चली गंभीर,
देव, गंधर्व, असुर की पंक्ति अनुसरण करती उसे अधीर।''

''एक तुम, यह विस्तृत भू-खंड प्रकृति वैभव से भरा अमंद,
कर्म का भोग, भोग का कर्म, यही जड़ का चेतन–आनंद।

अकेले तुम कैसे असहाय यजन कर सकते? तुच्छ विचार।
तपस्वी! आकर्षण से हीन कर सके नहीं आत्म-विस्तार।
दब रहे हो अपने ही बोझ खोजते भी न कहीं अवलंब,
तुम्हारा सहचर बन कर क्या न उऋण होऊं मैं बिना विलंब?
समर्पण लो–सेवा का सार, सजल-संसृति का यह पतवार,
आज से यह जीवन उत्सर्ग इसी पद-तल में विगत-विकार।
दया, माया, ममता लो आज, मधुरिमा लो, अगाध विश्वास,
हमारा हृदय-रत्न-निधि स्वच्छ तुम्हारे लिए खुला है पास।
बनो संसृति के मूल रहस्य, तुम्हीं से फैलेगी वह बेल,
विश्व-भर सौरभ से भर जाय सुमन के खेलो सुंदर खेल।''

''और यह क्या तुम सुनते नहीं विधाता का मंगल वरदान–
'शंक्तिशाली हो, विजयी बनो' विश्व में गूंज रहा जय-गान।
डरो मत, अरे अमृत संतान! अग्रसर है मंगलमय वृद्धि,
पूर्ण आकर्षण जीवन केंद्र खिंची आवेगी सकल समृद्धि।
देव-असफलताओं का ध्वंस प्रचुर उपकरण जुटाकर आज,
पड़ा है बन मानव-सम्पत्ति पूर्ण हो मन का चेतन-राज।
चेतना का सुंदर इतिहास–अखिल मानव भावों का सत्य,
विश्व के हृदय-पटल पर दिव्य-अक्षरों से अंकित हो नित्य।
विधाता की कल्याणी सृष्टि, सफल हो इस भूतल पर पूर्ण,
पटें सागर, बिखरें ग्रह-पुंज और ज्वालामुखियां हों चूर्ण।
उन्हें चिनगारी सदृश सदर्प कुचलती रहे खड़ी सानंद,
आज से मानवता कीर्ति अनिल, भू-जल में रहें न बंद।
जलधि के फूटें कितने उत्स-द्वीप-कच्छप डूबें-उतरायें,
किन्तु वह खड़ी रहे दृढ़-मूर्ति अभ्युदय का कर रही उपाय।
विश्व की दुर्बलता बल बने, पराजय का बढ़ता व्यापार–
हंसाता रहे उसे सविलास शक्ति का क्रीड़ामय संचार।

शक्ति के विद्युत्कण जो व्यस्त विकल बिखरे हैं, हो निरुपाय,
समन्वय उसका करे समस्त विजयिनी मानवता हो जाय!"

काम

"मधुमय वसंत जीवन-वन के, बह अंतरिक्ष की लहरों में
कब आये थे तुम चुपके से रजनी के पिछले पहरों में?
क्या तुम्हें देख कर आते यों मतवाली कोयल बोली थी?
उस नीरवता में अलसाई कलियों ने आंखे खोली थी?
जब लीला से तुम सीख रहे कोरक-कोने में लुक रहना,
जब शिथिल सुरभि से धरणी में बिछलन न हुई थी? सच कहना!
जब लिखते थे तुम सरस हंसी अपनी, फूलों के अंचल में,
अपना कलकंठ मिलाते थे झरनों के कोमल कल-कल में।
निश्चित आह! वह था कितना, उल्लास, काकली के स्वर में!
आनंद प्रतिध्वनि गूंज रही जीवन दिगंत के अंबर में।
शिशु चित्रकार! चंचलता में, कितनी आशा चित्रित करते!
अस्पष्ट एक लिपि ज्योतिमयी–जीवन की आंखो में भरते।
लतिका घूंघट से चितवन की वह कुसुम-दुग्ध-सी मधु-धारा,
प्लावित करती मन अजिर रही–था तुच्छ विश्व-वैभव सारा।
वे फूल और हंसी रही वह सौरभ, वह निश्वास छना,
वह कलरव, वह संगीत अरे वह कोलाहल एकांत बना।"

×× ×× ××

कहते-कहते कुछ सोच रहे लेकर निश्वास निराशा की–
मधु अपने मन की बात, रुकी फिर भी न प्रगति अभिलाषा की।
"ओ नील आवरण जगती के! दुर्बोध न तू ही है इतना,
अवगुंठन होता आंखो का आलोक रूप बनता जितना।
चल-चक्र वरुण का ज्योति भरा व्याकुल तू क्यों देता फेरी?

तारों के फूल बिखरते हैं लुटती है असफलता तेरी।
नव नील कुंज है झीम रहे कुसुमों की कथा न बंद हुई,
है अंतरिक्ष आमोद भरा हिम-कणिका ही मकरंद हुई।
इस इंदीवर से गंध भरी बुनती जाली मधु की धारा,
मन-मधुकर की अनुरागमयी बन रही मोहिनी-सी कारा,
अणुओं को है विश्राम कहां यह कृतिमय वेग भरा कितना!
अविराम नपचता कंपन है, उल्लास सजीव हुआ कितना!
उन नृत्य-शिथिल-निश्वासों की कितनी है मोहमयी माया?
जिनसे समीर छनता-छनता बनता है प्राणों की छाया।
आकाश-रंध्र हैं पूरित-से यह सृष्टि गहन-सी होती है;
आलोक सभी मूर्छित सोते यह आंख थकी-सी रोती है।
सौंदर्यमयी चंचल कृतियां बनकर रहस्य हैं नाच रहीं,
मेरी आंखों को रोक वहीं आगे बढ़ने में जांच रहीं।
मै देख रहा हूं जो कुछ भी वह सब क्या छाया उलझन है?
सुंदरता के इस परदे में क्या अन्य धरा कोई धन है?
मेरी अक्षय निधि! तुम क्या हो पहचान सकूंगा क्या न तुम्हें
उलझन प्राणों के धागों की सुलझन का समझूं मान तुम्हें।
माधवी निशा की अलसाई अलकों में लुकते तारा-सी,
क्या हो सूने मरु-अंचल में अंतःसलिला की धारा-सी!
श्रुतियों में चुपके-चुपके से कोई मधु-धारा घोल रहा,
इस नीरवता के परदे में जैसे कोई कुछ बोल रहा।
है स्पर्श मलय के झिलमिल-सा संज्ञा को और सुलाता है,
पुलकित हो आंखें बंद किये तंद्रा को पास बुलाता है।
व्रीड़ा है यह चंचल कितनी विभ्रम से घूंघट खींच रही,
छिपन पर स्वयं मृदुल कर से क्यों मेरी आंखे मींच रही?
उद्‌बुद्ध क्षितिज की श्याम छटा इस उदित शुक्र की छाया में,
उषा-सा कौन रहस्य लिये सोती किरणों की काया में!
उठती है किरणों के ऊपर कोमल किसलय की छाजन-सी,

स्वर का मधु-निस्वन रंध्रों में—जैसे कुछ दूर बजे बंसी।
सब कहते हैं—'खोलो खोलो, छवि देखूंगा जीवन धन की'
आवरण स्वयं बनते जाते हैं भीड़ लग रही दर्शन की।
चांदनी सदृश खुल जाय कही अवगुंठन आज संवरता सा,
जिसमें अनंत कल्लोल भरा लहरों से मस्त विचरता सा—
अपना फेनिल फन पटक रहा मणियों का जाल लुटाता-सा,
उन्निद्र दिखाई देता हो उन्मत्त हुआ कुछ गाता-सा।"
"जो कुछ हो, मैं न सम्हालूंगा इस मधुर भार को जीवन के,
आने दो कितनी आती है बाधायें दम-संयम बन के।
नक्षत्रों, तुम क्या देखोगे—इस उषा की लाली क्या है?
संकल्प भर रहा है उनमें संदेहो की जाली क्या है?
कौशल यह कोमल कितना है सुषमा दुर्भेद्य बनेगी क्या।
चेतना इंद्रियों की मेरी मेरी ही हार बनेगी क्या?"
"पीता हूं, हां, मैं पीता हूं—यह स्पर्श, रूप, रस, गंध भरा
मधु, लहरों के टकराने से घ्वनि में क्या गुंजार भरा।
तारा बनकर यह बिखर रहा क्यों स्वप्नों का उन्माद अरे!
मादकता-माती नींद लिए सोऊं मन मे अवसाद भरे।
चेतना शिथिल-सी होती है उन अंधकार की लहरों में—"
मनु डूब चले धीरे-धीरे रजनी के पिछले पहरों में।
उस दूर क्षितिज में सृष्टि बनी स्मृतियों की संचित छाया से,
इस मन को है विश्राम कहां! चंचल यह अपनी माया से।
जागरण-लोक था भूल चला स्वप्नों का सुख-संचार हुआ,
कौतुक-सा बन मनु के मन का वह सुंदर क्रीड़ागार हुआ।
था व्यक्ति सोचता आलस में चेतना सजग रहती दुहरी,
कानों के कान खोल करके सुनती थी कोई ध्वनि गहरी:-
"प्यासा हूं, मैं अब भी प्यासा संतुष्ट ओथ से मैं न हुआ,
आया फिर भी वह चला गया तृष्णा को तनिक न चैन हुआ।

देवों की सृष्टि विलीन हुई अनुशीलन में अनुदिन मेरे,
मेरा अतिचार न बंद हुआ उन्मत्त रहा सबको घेरे।
मेरी उपासना करते वे मेरा संकेत विधान बना,
विस्मृत जो मोह रहा मेरा वह देव-विलास-वितान तना।
मैं काम, रहा सहचर उनका उनके विनोद का साधन था,
हंसता था और हंसाता था उनका मैं कृतिमय जीवन था।
जो आकर्षण बन हंसती थी रति थी अनादि-वासना वही,
अव्यक्त-प्रकृति-उन्मीलन के अंतर में उसकी चाह रही।
हम दोनों को अस्तित्व रहा उस आरंभिक आवर्तन-सा,
जिसमें संसृति का बनता है आकार रूप के नर्त्तन-सा।
उस प्रकृति-लता के यौवन में उस पुष्पवती के माधव का-
मधु-हास हुआ था वह पहला दो रूप मधुर जो ढाल सका।''
''वह मूल शक्ति उठ खड़ी हुई अपने आलस का त्याग किये,
परमाणु बाल सब दौड़ पड़े जिसका सुंदर अनुराग लिये।
कुंकुम का चूर्ण उड़ाते से मिलने को गले ललकते से,
अंतरिक्ष में मधु-उत्सव के विद्युत्कण मिले झलकते से।
वह आकर्षण, वह मिलन हुआ प्रारंभ माधुरी छाया में,
जिसको कहते सब सृष्टि, बनी मतवाली अपनी माया में
प्रत्येक नाश-विश्लेषण भी संश्लिष्ट हुए, बन सृष्टि रही,
ऋतुपति के घर कुसुमोत्सव था मादक मरंद की वृष्टि रही।
भुज-लता पड़ी सरिताओं की शैलों के गले सनाथ हुए,
जलनिधि का अंचल व्यंजन बना धरणी का दो-दो साथ हुए।
उस नवल-सर्ग के कानन में मृदु मलयालिन से फूल चले।
हम भूख-प्यास-से जाग उठे आकांक्षा-तृप्ति समन्वय में,
रति-काम बने उस रचना में जो रही नित्य-यौवन वय में।''
''सुरबालाओं को सखी रही उनकी हृत्तंत्री की लय थी
रति, उनके मन को सुलझाती वह राग-भरी थी, मधुमय थी।

मैं तृष्णा था विकसित करता, वह तृप्ति दिखाती थी उनको,
आनंद-समन्वय होता था हम ले चलते पथ पर उनको।
वे अमर रहे न विनोद रहा, चेतनता रही, अनंग हुआ,
हूं भटक रहा अस्तित्व लिये संचित का सरल प्रसंग हुआ।'
''यह नीड़ मनोहर कृतियों का यह विश्व-कर्म रंगस्थल है,
है परंपरा लग रही यहां ठहरा जिसमें जितना बल है।
वे कितने ऐसे होते हैं जो केवल साधन बनते है,
आरंभ और परिणामों के संबंध सूत्र से बुनते हैं।
उषा की सजल गुलाबी जो घुलती है नीले अंबर में
वह क्या है? क्या तुम देख रहे वर्णों के मेघाडंबर में?
अंतर है दिन औ' रजनी को यह साधक-कर्म बिखरता है,
माया के नीले अंचल में आलोक बिंदु-सा झरता है।''
''आरंभिक वात्या-उद्‌गम में सब प्रगति बन रहा संसृति का,
मानव की शीतल छाया में ऋणशोध करूंगा निज कृति का।
दोनों का समुचित परिवर्तन जीवन में शुद्ध विकास हुआ,
प्रेरणा अधिक अब स्पष्ट हुई जब विप्लव में पड़ ह्रास हुआ।
यह लीला जिसकी विकस चली वह मूलशक्ति थी प्रेम-कला,
उसका संदेश सुनाने को संसृति में आयी वह अमला।
हम दोनों की संतान वही—कितनी सुंदर भोली-भाली,
रंगों ने जिनसे खेला हो ऐसे फूलों की वह डाली।
जड़-चेतनता की गांठ वही सुलझन है भूल-सुधारों की।
वह शीतलता है शांतिमयी जीवन के उष्ण विचारों की।
उसको पाने की इच्छा हो तो योग्य बनो''—कहती-कहती
वह ध्वनि चुपचाप हुई सहसा जैसे मुरली चुप हो रहती।
मनु आंख खोलकर पूछ रहे—''पथ कौन वहां पहुंचाता है?
उस ज्योतिमयी को देव! कहो कैसे कोई नर पाता है?''
पर कौन वहां उत्तर देता! वह स्वप्न अनोखा भंग हुआ,

देखा तो सुंदर प्राची में अरुणोदय का रस-रंग हुआ।
उस लता-कुंज की झिलमिल से हेमाभरश्मि थी खेल रही,
देवों के सोम-सुधा-रस की मनु के हाथों में बेल रही।

वासना

चल पड़े कब से हृदय दो, पथिक-से अश्रांत,
यहां मिलने के लिये, जा भटकते थे भ्रांत।
एक गृहपति, दूसरा था अतिथि विगत-विकार,
प्रश्न था यदि एक, तो उत्तर द्वितीय उदार।
एक जीवन-सिंधु था, तो वह लहर लघु लोल।
एक नवल प्रभात, तो वह स्वर्ण-किरण अमोल।
एक था आकाश वर्षा का सजल उद्दाम,
दूसरा रंजित किरण से श्री-कलित घनश्याम।
नदी-तट के क्षितिज में नव-जलद सायंकाल-
खेलता दो बिजलियों से ज्यों मधुरिमा-जाल।
लड़ रहे अविरत युगल थे चेतना के पाश,
एक सकता था न कोई दूसरे को फाँस।
था समर्पण में ग्रहण का एक सुनिहित भाव,
थी प्रगति, पर अड़ा रहता था सतत अटकाव।
चल रहा था विजन-पथ पर मधुर जीवन-खेल,
दो अपरिचित से नियति अब चाहती थी मेल।
नित्य परिचित हो रहे तब भी रहा कुछ शेष,
गूढ़ अन्तर का छिपा रहता रहस्य विशेष।
दूर, जैसे सघन वन-पथ-अंत का आलोक-
सतत होता जा रहा हो, नयन की गति रोक।
गिर रहा निस्तेज गोलक जलधि में असहाय,

घन-पटल में डूबता था किरण का समुदाय।
कर्म का अवसाद दिन से कर रहा छल-छंद,
मधुकरी का सुरस-संचय हो चला अब बंद।
उठ रही थी कालिमा धूसर क्षितिज से दीन,
भेंटता अन्तिम अरुण आलोक-वैभवहीन।
यह दरिद्र-मिलन रहा रच एक करुणा लोक,
शोक भर निर्जन निलय से बिछुड़ते थे कोक।
मनु अभी तक मनन करते थे लगाये ध्यान,
काम के संदेश से ही भर रहे थे कान।
इधर गृह में आ जुटे थे उपकरण अधिकार,
शस्य, पशु या धान्य का होने लगा संचार।
नई इच्छा खींच लाती, अतिथि का संकेत–
चल रहा था सरल-शासन युक्त-सुरुचि-समेत।
देखते थे अग्निशाला से कुतूहल-युक्त,
मनु चमत्कृत निज नियति का खेल बंधन-मुक्त।
एक माया! आ रहा था पशु अतिथि के साथ;
हो रहा था मोह करुणा से सजीव सनाथ।
चपल कोमल-कर रहा फिर सतत पशु के अंग,
स्नेह से करता चमर–उद्ग्रीव हो वह संग।
कभी पुलकित रोमराजी से शरीर उछाल,
सकल संचित-स्नेह देता दृष्टि-पथ से ढार।
और वह पुचकारने का स्नेह शबलित चाव,
मंजु ममता से मिला बन हृदय का सद्भाव।
देखते-ही-देखते दोनों पहुंच कर पास,
लगे करने सरल शोभन मधुर मुग्ध विलास।
वह विराग-विभूति ईर्षा-पवन से हो व्यस्त,
बिखरती थी और खुलते ज्वलन-कण जो अस्त।

किंतु यह क्या? एक तीखी घूंट, हिचकी आह!
कौन देता है हृदय में वेदनामय डाह?
"आह यह पशु और इतना सरल सुंदर स्नेह!
पल रहे मेरे दिए जो अन्न से इस गेह।
मैं? कहां मैं? ले लिया करते सभी निज भाग,
और देते फेंक मेरा प्राप्य तुच्छ विराग!
अरी नीच कृतघ्नते! पिच्छल-शिला-संलग्न,
मलिन काई-सी करेगी हृदय कितने भग्न?
हृदय का राजस्व अपहृत कर अधम अपराध,
दस्यु मुझसे चाहते हैं सुख सदा निर्बाध।
विश्व में जो सरल सुन्दर हो विभूति महान,
सभी मेरी है, सभी करती रहें प्रतिदान।
यही तो, मैं ज्वलित वाडव-वह्नि नित्य-अशांत,
सिंधु लहरों-सा करें शीतल मुझे सब शांत।"
आ गया फिर पास क्रीड़ाशील अतिथि उदार,
चपल शैशव-सा मनोहर भूल का ले भार।
कहा "क्यों तुम अभी बैठे ही रहे धर ध्यान,
देखती हैं आंख कुछ, सुनते रहे कुछ कान–
मन कहीं, यह क्या हुआ है? आज कैसा रंग?"
नत हुआ फण दृप्त ईर्षा का, विलीन उमंग।
और सहलाने लगा कर-कमल कोमल कांत,
देखकर वह रूप-सुषमा मनु हुए कुछ शांत।
कहा "अतिथि! कहां रहे तुम किधर थे अज्ञात?
और यह सहचर तुम्हारा कर रहा ज्यों बात–
किसी सुलभ भविष्य की, क्यों आज अधिक अधीर?
मिल रहा तुमसे चिरंतन स्नेह-सा गंभीर?
कौन हो तुम खींचते यों मुझे अपनी ओर!

और ललचाते स्वयं हटते उधर की ओर!
ज्योत्स्ना-निर्झर! ठहरती ही नहीं यह आंख,
तुम्हें कुछ पहचानने की खो गयी-सी साख।
कौन करुण रहस्य है तुममें छिपा छविमान?
लता-वीरुध दिया करते जिसे छायादान।
पशु कि हो पाषाण सब में नृत्य का नव छंद,
एक आलिंगन बुलाता सभा को सानंद।
राशि-राशि बिखर पड़ा है शांत संचित प्यार,
रख रहा है उस ढोकर दीप विश्व उधार।
देखता हूं चकित जैसे ललित लतिका-लास,
अरुण घन की सजल छाया में दिनांत निवास-
और उसमें हो चला जैसे सहज सविलास,
मंदिर माघव-यामिनी का घोर-पद-विन्यास।
आह यह जो रहा सूना पड़ा कोना दीन-
ध्वस्त मंदिर का, बसाता जिसे कोई भी न-
उसी में विश्राम माया का अचल आवास,
अरे यह सुख नींद कैसी, हो रहा हिम-हास!
वासना की मधुर छाया! स्वास्थ्य, बल, विश्राम!
हृदय की सौंदर्य-प्रतिमा! कौन तुम छविधाम!
कामना की किरन का जिसमें मिला हो ओज,
कौन हो तुम, इसी भूले हृदय की चिर-खोज!
कुंद-मंदिर-सी हंसी ज्यों खुली सुषमा बांट,
क्यों न वैसे ही खुला यह हृदय रुद्ध-कपाट?''
कहा हंसकर ''अतिथि हूं मैं, और परिचय व्यर्थ,
तुम कभी उद्विग्न इतने थे न इसके अर्थ।
चलो, देखो वह चला आता बुलाने आज-
सरल हंसमुख विधु जलद-लघु-खंड-वाहन साज!
कालिमा धुलने लगी घुलने लगा आलोक।

इसी निभृंत अनंत में बसने लगा अब लोक।
इस निशामुख की मनोहर सुधामय मुसक्यान,
देखकर सब भूल जाएं दुःख के अनुमान।
देख लो, ऊंचे शिखर का व्योम-चुंबन-व्यस्त-
लौटना अंतिम किरण का और होना अस्त।
चलो तो इस कौमुदी में देख आवें आज,
प्रकृति का यह स्वप्न-शासन, साधना का राज।''
सृष्टि हंसने लगी आंखों में खिला अनुराग,
राग-रंजित चंद्रिका थी, उड़ा सुमन-पराग।
और हंसता था अतिथि मनु का पकड़कर हाथ,
चले दोनों स्वप्न-पथ में, स्नेह-संबल साथ।
देवदारु निकुंज गह्वर सब सुधा में स्नात,
सब मनाते एक उत्सव जागरण की रात।
आ रही थी मदिर भीनी मायवी की गंध,
पवन के घन घिरे पड़ते थे बने मधु-अंध।
शिथिल अलसाई पड़ी छाया निशा की कांत-
सो रही थी शिशिर कण की सेज पर विश्रांत।
उसी झुरमुट में हृदय की भावना थी भ्रांत,
जहां छाया सृजन करती थी कुतूहल कांत।
कहा मनु ने ''तुम्हें देखा अतिथि! कितनी बार,
किंतु इतने तो न थे तुम दबे छवि के भार!
पूर्व-जन्म कहूं कि था स्पृहणीय मधुर अतीत,
गूंजते जब मदिर घन में वासना के गीत।
भूल कर जिस दृश्य को मैं बना आज अचेत,
वही कुछ सवीड़, सस्मित कर रहा संकेत।
''मैं तुम्हारा हो रहा हूं'' यही सुदृढ़ विचार,
चेतना का परिधि बनता घूम चक्राकार।

मधु बरसती विधु किरण है कांपती सुकुमार?
पवन में है पुलक, मंथर चल रहा मधु-भार।
तुम समीप, अधीर इतने आज क्यों हैं प्राण?
छक रहा है किस सुरभि से तृप्त होकर घ्राण?
आज क्यों संदेह होता रूठने का व्यर्थ,
क्यों मनाना चाहता-सा बन रहा असमर्थ!
धमनियों में वेदना-सा रक्त का संचार,
हृदय में है कांपती धड़कन, लिए लघु भार!
चेतना रंगीन ज्वाला परिधि में सानंद,
मानती-सी दिव्य-सुख कुछ गा रही है छंद।
अग्निकीट समान जलती है भरी उत्साह,
और जीवित है, न छाले हैं न उसमें दाह!
कौन हो तुम विश्व-माया-कुहक-सी साकार,
प्राण-सत्ता के मनोहर भेद-सी सुकुमार!
हृदय जिसकी कांत छाया में लिये निश्वास,
थके पथिक समान करता व्यजन ग्लानि विनाश।''
श्याम-नभ में मधु-किरण-सा फिर वही मृदु हास,
सिंधु की हिलकोर दक्षिण का समीर-विलास!
कुंज में गुंजरित कोई मुकुल सा अव्यक्त-
लगा कहने अतिथि, मनु थे सुन रहे अनुरक्त-
''यह अतृप्ति अधीर मन की, क्षोभयुत उन्माद,
सखे! तुमुल-तरंग-सा उच्छ्वासमय संवाद।
मत कहो, पूछो न कुछ, देखो न कैसी मौन,
विकल राका-मूर्ति बनकर स्तब्ध बैठा कौन!
विभव मतवाली प्रकृति का आवरण वह नील,
शिथिल है, जिस पर बिखरता प्रचुर मंगल खील,
राशि-राशि नखत-कुसुम की अर्चना अश्रांत

बिखरती है, तामरस सुंदर चरण के प्रांत।''
मनु निखरने लगे ज्यों-ज्यों यामिनी का रूप,
वह अनन्त प्रगाढ़ छाया फैलती अपरूप,
बरसता था मदिर कण-सा स्वच्छ सतत अनंत,
मिलन का संगीत होने लगा था श्रीमंत।
छूटती चिनगारियां उत्तेजना उद्भ्रांत।
धधकती ज्वाला मधुर, था वक्ष विकल अशांत।
वातचक्र समान कुछ था बांधता आवेश,
धैर्य का कुछ भी न मनु के हृदय में था लेश।
कर पकड़ उन्मत्त से हो लगे कहने, ''आज,
देखता हूं दूसरा कुछ मधुरिमामय साज!
वही छवि! हां वही जैसे! किन्तु क्या यह भूल?
रही विस्मृति-सिंधु में स्मृति-नाव विकल अकूल!
जन्म-संगिनि एक थी जो कामबाला नाम-
मधुर श्रद्धा था, हमारे प्राण को विश्राम-
सतत मिलता था उसी से, अरे जिसको फूल
दिया करते अर्ध में मकरंद सुषमा-मूल
प्रलय में भी बच रहे हम फिर मिलन का मोद
रहा मिलने को बचा, सूने जगत की गोद!
ज्योत्स्ना-सी निकल आई! पार कर नीहार,
प्रणय-विधु है खड़ा नभ में लिए तारक हार!
कुटिल कुन्तल से बनाती कालमाया जाल-
नीलिमा से नयन की रचती तमिस्त्रा माल।
नींद-सी दुर्भेद्य तम की, फेंकती यह दृष्टि,
स्वप्न-सी है बिखर जाती हंसी की चल-सृष्टि।
हुई केन्द्रीभूत-सी है साधना की स्फूर्ति,
दृढ़-सकल सुकुमारता में रम्य नारी-मूर्त्ति।

दिवाकर दिन या परिश्रम का विकल विश्रांत
मैं पुरुष, शिशु-सा भटकता आज तक था भ्रांत।
चन्द्र की विश्राम राका बालिका-सी कांत,
विजयिनी सी दीखती तुम माधुरी-सी शांत।
पददलित-सी थकी व्रज्या ज्यों सदा आक्रांत,
शस्य-श्यामल भूमि में होती समाप्त अशांत।
आह! वैसा ही हृदय का बन रहा परिणाम,
पा रहा हूं आज देकर तुम्हीं से निज काम।
आज ले लो चेतना का यह समर्पण दान।
विश्व-रानी! सुन्दरी नारी! जगत को मान!"
धूम-लतिका-सी गगन-तरु पर न चढ़ती दीन,
दबी शिशिर-निशीथ में ज्यों ओस-भार नवीन।
झुक चली सव्रीड़ वह सुकुमारता के भार,
लद गई पाकर पुरुष का नर्ममय उपचार।
और वह नारीत्व का जो मूल मधु अनुभाव,
आज जैसे हंस रहा भीतर बढ़ाता चाव।
मधुर व्रीड़ा-मिश्र चिंता साथ ले उल्लास,
हृदय का आनन्द-कूजन लगा करने रास।
गिर रहीं पलकें, झुकी थी नासिका की नोक,
भ्रूलता थी कान तक चढ़ती रही बेरोक।
स्पर्श करने लगी लज्जा ललित कर्ण कपोल,
खिला पुलक कदंब सा था भरा गद्‌गद् बोल।
किन्तु बोली "क्या समर्पण आज का हे देव!
बनेगा – चिर - बन्ध – नारी - हृदय - हेतु –सदैव।
आह मैं दुर्बल, कहो क्या ले सकूंगी दान!
वह, जिसे उपभोग करने में विकल हों प्रान?"

लज्जा

''कोमल किसलय के अंचल में नन्हीं कलिका ज्यों छिपती-सी,
गोधूली के धूमिल पट में दीपक के स्वर दिपती-सी।
मंजुल स्वप्नों की विस्मृति में मन का उन्माद निखरता ज्यों-
सुरभित लहरों की छाया में बुल्ले का विभव बिखरता ज्यों-''
वैसी-ही माया में लिपटी अधरों पर उंगली धरे हुए,
माधव के सरस कुतूहल का आंखों में पानी भरे हुए।
नीरव निशीथ में लतिका-सी तुम कौन आ रही हो बढ़ती?
कोमल बांहें फैलाये-सी आलिंगन का जादू पढ़ती!
किन इन्द्रजाल के फूलों से लेकर सुहाग-कण राग-भरे;
सिर नीचा हो गूंथ रही माला जिससे मधु धार ढरे?
पुलकित कदम्ब की माला-सी पहना देती हो अन्तर में,
झुक जाती है मन की डाली अपनी फलभरता के डर में।
वरदान सदृश हो डाल रही नीली किरणों से बना हुआ,
यह अंचल कितना हलका-सा कितना सौरभ से सना हुआ।
सब अंग मोम से बनते हैं कोमलता में बल खाती हूं,
मैं सिमिट रही-सी अपने में परिहास-गीत सुन पाती हूं।
स्मित बन जाती है तरल हंसी नयनों से भरकर बांकपना,
प्रत्यक्ष देखती हूं सब जो वह बनता जाता है सपना।
मेरे सपनों में कलरव का संसार आंख जब खोल रहा,
अनुराग समीरों का तिरता था इतराता-सा डोल रहा।
अभिलाषा अपने यौवन में उठती उस सुख के स्वागत को,
जीवन भर के बल-वैभव से सत्कृत करती दूरागत को।
किरणों का रज्जु समेट लिया जिसका अवलंबन ले चढ़ती,
रस के निर्झर में धंस कर मैं आनन्द-शिखर के प्रति बढ़ती।
छूने में हिचक, देखने में पलकें आंखों पर झुकती हैं,

कलरव परिहास भरी गूंजें अधरों तक सहसा रुकती हैं।
संकेत कर रही रोमाली चुपचाप बरजती खड़ी रही,
भाषा बन भौंहों की काली रेखा-सी भ्रम में पड़ी रही।
तुम कौन! हृदय की परवशता? सारी स्वतंत्रता छीन रही,
स्वच्छंद सुमन जो खिल रहे जीवन-वन से ही बीन रही''!
संध्या की लाली में हंसती, उसका ही आश्रय लेती-सी,
छाया प्रतिमा गुनगुना उठी श्रद्धा का उत्तर देती-सी।
''इतना न चमत्कृत हो बाले! अपने मन का उपकार करो,
मैं एक पकड़ हूं जो कहती ठहरो कुछ सोच-विचार करो।
अम्बर-चुंबी हिम- शृंगों से कलरव कोलाहल साथ लिये,
विद्युत की प्राणमयी धारा बहती जिसमें उन्माद लिये।
मंगल कुंकुम की श्री जिसमें निखरी हो उषा की लाली,
भोला सुहाग इठलाता हो ऐसी हो जिसमें हरियाली,
हो नयनों का कल्याण बना आनंद सुमन सा विकसा हो,
वासंती के वन-वैभव में जिसका पंचमस्वर पिक-सा हो,
जो गूंज उठे फिर नस-नस में मूर्च्छना समान मचलता-सा,
आंखों के सांचे में आकर रमणीय रूप बन ढलता-सा,
नयनों की नीलम की घाटी जिस रस घन से छा जाती हो,
वह कौंध कि जिससे अन्तर की शीतलता ठंढक पाती हो,
हिल्लोल भरा हो ऋतुपति का गोधूली की सी ममता हो,
जागरण प्रात-सा हंसता हो जिसमें मध्याह्न निखरता हो,
हो चकित निकल आई सहसा जो अपने प्राची के घर से,
उस नवल चंद्रिका-से बिछले जो मानस की लहरों पर-से,
फूलों की कोमल पंखड़ियां बिखरें जिसके अभिनन्दन में,
मकरन्द मिलाती हों अपना स्वागत के कुंकुम चन्दन में,
कोमल किसलय मर्मर-रव-से जिसका जयघोष सुनाते हों,
जिसमें दुख-सुख मिलकर मन के उत्सव आनंद मनाते हों,

मैं उसी चपल की धात्री हूं, गौरव महिमा हूं सिखलाती,
ठोकर जो लगने वाली है उसको धीरे से समझाती,
मैं देव-सृष्टि की रति-रानी निज पंचबाण से वंचित हो,
बन आवर्जना-मूर्ति दीना अपनी अतृप्ति-सी संचित हो,
अवशिष्ट रह गई अनुभव में अपनी अतीत असफलता-सी,
लीला विलास की खेद-भरी अवसादमयी श्रम-दलिता-सी,
मै रति की प्रतिकृति लज्जा हूं मैं शालीनता सिखाती हूं,
मतवाली सुंदरता पग में नूपुर सी लिपट मनाती हूं,
लाली बन सरल कपोलों में आंखों में अंजन सी लगती,
कुंचित अलकों सी घुंघराली मन की मरोर बनकर जगती,
चंचल किशोर सुंदरता की मैं करती रहती रखवाली,
मैं वह हलकी सी मसलन हूं जो बनती कानों की लाली।''
''हां, ठीक, परन्तु बताओगी मेरे जीवन का पथ क्या है?
इस निविड़ निशा मे संसृति की आलोकमयी रेखा क्या है?
यह आज समझ तो पाई हूं मैं दुर्बलता में नारी हूं,
अवयव की सुंदर कोमलता लेकर मैं सबसे हारी हूं।
पर मन भी क्यों इतना ढीला अपने ही होता जाता है,
घनश्याम-खण्ड-सी आंखों में क्यों सहसा जल भर आता है?
सर्वस्व-समर्पण करने की विश्वास-महा-तरु-छाया में,
चुपचाप पड़ी रहने की क्यों ममता जगती है माया में?
छायापथ में तारक-द्युति सी झिलमिल करने की मधु-लीला,
अभिनव करती क्यों इस मन में कोमल निरीहता श्रम-शीला?
निस्संबल होकर तिरती हूं इस मानव की गहराई में,
चाहती नहीं जागरण कभी सपने की इस सुघराई में।
नारी जीवन का चित्र यही क्या? विकल रंग भी देती हो,
अस्फुट रेखा की सीमा में आकार कला को देती हो।
रुकती हूं और ठहरती हूं पर सोच-विचार न कर सकती,

पगली-सी कोई अन्तर में बैठी जैसे अनुदिन बकती।
मैं जभी तोलने का करती उपचार स्वयं तुल जाती हूं,
भुजलता फंसा कर नर-तरु से झूले सी झोंके खाती हूं।
इस अर्पण में कुछ और नहीं केवल उत्सर्ग छलकता है,
मैं दे दूं और न फिर कुछ लूं, इतना ही सरल झलकता है।''
''क्या कहती हो ठहरो नारी! संकल्प अश्रु-जल-से अपने-
तुम दान कर चुकी पहले ही जीवन के सोने-से सपने।
नारी! तुम केवल श्रद्धा हो विश्वास-रजत-नग पगतल में,
पीयूष-स्त्रोत-सी बहा करो जीवन के सुंदर समतल में।
देवों की विजय, दानवों की हारों का होता युद्ध रहा,
संघर्ष सदा उर-अन्तर में जीवित रह नित्य-विरुद्ध रहा।
आंसू से भींगे अंचल पर मन का सब कुछ रखना होगा-
तुमको अपनी स्मित रेखा से वह संधिपत्र लिखना होगा।''

कर्म

कर्मसूत्र-संकेत सदृश थी सोमलता तब मन को,
चढ़ी शिंजिनी सी, खींचा फिर उसने जीवन-धनु को।
हुए अग्रसर उसी मार्ग में छुटे-तीर-से फिर वे,
यज्ञ यज्ञ की कटु पुकार से रह न सके अब थिर वे।

भरा कान में कथन काम का मन में नव अभिलाषा,
लगे सोचने मनु-अतिरंजित उमड़ रही थी आशा,
ललक रही थी ललित लालसा सोमपान की प्यासी,
जीवन के उस दीन विभव में जैसे बनी उदासी।
जीवन की अविराम साधना भर उत्साह खड़ी थी,
ज्यों प्रतिकूल पवन में तरणी गहरे लौट पड़ी थी।

श्रद्धा के उत्साह वचन, फिर काम प्रेरणा मिल के,
भ्रांत अर्थ बन आगे आये बने ताड़ थे तिल के।
बन जाता सिद्धांत प्रथम–फिर पुष्टि हुआ करती है,
बुद्धि उसी ऋण को सबसे ले सदा भरा करती है।
मन जब निश्चित-सा कर लेता कोई मत है अपना,
बुद्धि उसी ऋण को सबसे ले सदा भरा करती है।
मन जब निश्चित-सा कर लेता है कोई मत है अपना,
बुद्धि दैव-बल से प्रमाण का सतत निरखता सपना।
पवन वही हिलकोर उठाता वही तरलता जल में।
वही प्रतिध्वनि अंतरतम की छा जाती नभ थल में।
सदा समर्थन करती उसकी तर्कशास्त्र की पीढ़ी,
''ठीक यही है सत्य! यही है उन्नति सुख की सीढ़ी।
और सत्य! यह एक शब्द तू कितना गहन हुआ है?
मेधा के क्रीड़ा-पंजर का पाला हुआ सुआ है।
सब बातों में खोज तुम्हारी रट-सी लगी हुई है,
किन्तु स्पर्श के तर्क-करों के बनता 'छुईमुई' है।
असुर पुरोहित उस विप्लव से बचकर भटक रहे थे,
वे किलात–आकुल थे–जिसने कष्ट अनेक सहे थे।
देख-देखकर मनु का पशु, जो व्याकुल चंचल रहती–
उनकी अमिष-लोलुप-रसना आंखों से कुछ कहती।
'क्यों किलात! खाते-खाते तृण और कहां तक जीऊं,
कब तक मैं देखूं जीवित पशु घूंट लहु का पीऊं!
क्या कोई इसका उपाय ही नहीं कि इसको खाऊं?
बहुत दिनों पर एक बार तो सुख की बीन बजाऊं।'
आकुलि ने तब कहा–'देखते नहीं, साथ में उसके
एक मृदुलता की, ममता की छाया रहती हंस के।
अंधकार को दूर भगाती वह आलोक किरण-सी,

मेरी माया बिंध जाती है जिससे हल्की घन-सी।
तो भी चलो आज कुछ करके मैं स्वस्थ रहूंगा,
यो जो भी आवेंगे सुख-दुख उसको सहज सहूंगा।'
—यों ही दोनों कर विचार उस कुंज द्वार पर आये,
जहां सोचते थे मनु बैठे मन से ध्यान लगाये।

"कर्म-यज्ञ से[1] जीवन के स्वप्नों का स्वर्ग मिलेगा,
इसी विपिन में मानस की आशा का कुसुम खिलेगा।
किन्तु बनेगा कौन पुरोहित? अब यह प्रश्न नया है,
किस विधान से करूं यज्ञ यह पथ किस ओर गया है!
श्रद्धा! पुण्य-प्राप्य है मेरी यह अनन्त अभिलाषा,
फिर इस निर्जन के खोजे अब किसको मेरी आशा।

---

1. यह सर्ग पांडुलिपि में यज्ञ के नाम से अभिहित है, जो आदिसंस्करण (वि० 1993) के मुद्रणादेश के समय सकारण परिवर्तित हुआ है। समीपी एवं सजातीय अर्थबोध से सम्पन्न होकर भी ये दोनों शब्द—यज्ञ और कर्म तत्त्वतः पदार्थ, व्यवहार एवं व्यापकता के स्तर पर अन्तर रखते हैं। शतपथ ब्राह्मण में आया "यज्ञो वै कर्म" जिस प्रकार अपने अर्थ गौरव से संहिता कालीन जीवन दर्शन की झांकी देता है वैसा ही उत्तर युग के जीवन दर्शन का परिचय के गीता—"यज्ञः कर्म समुद्भवः" से मिलता है। परिवर्तित भावधारा का, भिन्न जीवन-दर्शन की अभिव्यक्ति का बिंब शब्द व्यवहार से अन्वित होता है:किन्तु, अकालबाधित निरपेक्ष व्यापकता की दृष्टि से कर्म शब्द का महत्व सदैव अधिक रहा है। नवीन मानवी सृष्टि में कर्मभाव के अधीन—अग्रसर जिस यज्ञ-परंपरा का आरंभ (उद्योग) आसन्न है उसका संकेत मनु के हाथों की सोमलता में स्पष्ट है। ऐसी दशा में प्रस्तुत होने वाले एक व्यापक भाव बोध की नाम संज्ञा बनने में कर्म शब्द ही सक्षम है—उसका वशवर्त्ती यज्ञ नहीं, जो आज कर्मकांड सापेक्ष होकर रूढ़ बन गया है। सुतराम्, यहां यज्ञ शब्द का सर्गनाम के रूप में व्यवहार उतना है। यहां पांडुलिपि में "कर्म यज्ञ से" नहीं प्रत्युत "यज्ञ कर्म से" प्राप्त है। यह परिवर्तन भी कर्म शब्द की व्यापकता और यज्ञ शब्द की सापेक्ष और सीमा सामर्थ्य को देखकर ही मुद्रणादेश के समय व्यवस्थित हुआ है। मुद्रणादेश के समय हुए ऐसे अनेक परिवर्तन हमें कवि की मौलिक दृष्टि के समीप ले जाते हैं।

कहा असुर मित्रों ने अपना मुख गंभीर बनाये–
"जिनके लिए यज्ञ होगा हम उनके भेजे आये।
यजन करोगे क्या तुम? फिर यह किसको खोज रहे हो?
अरे पुरोहित की आशा में कितने कष्ट सहे हो।
इस जगती के प्रतिनिधि जिनसे प्रगट निशीथ सवेरा–
'मित्र–वरुण' जिनकी छाया है यह आलोक–अंधेरा।
वे हा पथ–दर्शक हों सब विधि पूरी होगी मेरी,
चलो आज फिर से वेदी पर हो ज्वाला की फेरी।"

"परंपरागत कर्मों की वे कितनी सुंदर लड़िया,
जीवन–साधन की उलझीं हैं जिसमें सुख की घड़ियां,
जिसमें हैं प्रेरणामयी–सी संचित कितनी कृतियां,
पुलकभरी सुख देने वाली बनकर मादक स्मृतियां।
साधारण से कुछ अतिरंजित गति में मधुर त्वरा–सी
उत्सव–लीला, निर्जनता की जिससे कटे उदासी।
एक विशेष प्रकार कुतूहल होगा श्रद्धा को भी।"
प्रसन्नता से नाच उठा मन नूतनता का लोभी।

यज्ञ समाप्त हो चुका तो भी धधक रही थी ज्वाला,
दारुण दृश्य! रुधिर के छींटे अस्थि–खंड की माला!
वेदी की निर्मम–प्रसन्नता, पशु की कातर वाणी,
मिलकर वातावरण बना था कोई कुत्सित प्राणी।
सोम–पात्र भी भरा, धरा था पुरोडाश भी आगे,
श्रद्धा वहां न थी मनु के तब सुप्त भाव सब जागे।

"जिसका था उल्लास निरखना वही अलग जा बैठी,
यह सब क्यों फिर! दृप्त–वासना लगी गरजने ऐंठी।

जिसमें जीवन का संचित सुख सुंदर मूर्त बना है,
हृदय खोलकर कैसे उसको कहूं कि वह अपना है।
वही प्रसन्न नहीं! रहस्य कुछ इसमें सुनिहित होगा,
आज वही पशु मर कर भी क्या सुख में बाधक होगा।
श्रद्धा रूठ गई तो फिर क्या उसे मनाना होगा,
या वह स्वयं मान जायेगी, किस पथ जाना होगा।"
पुराडाश के साथ सोम का पान लगे मनु करने,
लगे प्राण के रिक्त अंश को मादकता से भरने।

संध्या की धूसर छाया में शैलश्रृंग की रेखा,
अंकित थी दिगंत अंबर में लिए मलिन शशि-लेखा।
श्रद्धा अपनी शयन-गुहा में दुखी लौट कर आयी
एक विरक्ति-बोझ सी ढोती मन ही मन बिलखायी।
सुखी काष्ठ संधि में पतली अनल शिखा जलती थी,
उस धुंधले गृह में आभा से, तामस को छलती थी।
किंतु कभी बुझ जाती पाकर शीत पवन के झोंके,
कभी उसी से जल उठती तब कौन उसे फिर रोके?
कामायनी पड़ी थी अपना कोमल चर्म बिछा के,
श्रम मानो विश्राम कर रहा मृदु आलस को पा के।
धीरे-धीरे जगत चल रहा अपने इस उस ऋजुपथ में,
धीरे-धीरे खिलते तारे मृग जुतते विधुरथ में!
अंचल लटकाती निशीथिनी अपना ज्योत्सना-शाली,
जिसकी छाया में सुख पावे सृष्टि वेदना वाली,
उच्च शैल-शिखरों पर हंसती प्रकृति चंचला बाला,
धवल हंसी बिखराती अपना फैला मधुर उजाला।
जीवन की उद्दाम लालसा उलझी जिसमें व्रीड़ा,
एक तीव्र उन्माद और मन मथने वाली पीड़ा।

मधुर विरक्ति-भरी आकुलता, घिरती हृदय-गगन में,
अंतर्दाह स्नेह का तब भी होता था उस मन में।
वे असहाय नयन थे खुलते-मुंदते भीषणता में।
आज स्नेह का पात्र खड़ा था स्पष्ट कुटिल कटुता में।

"कितना दुःख जिसे मैं चाहूं वह कुछ और ही बना हो,
मेरा मानस-चित्र खींचना सुंदर-सा सपना हो।
जाग उठी है दारुण-ज्वाला इस अनंत मधुवन में,
कैसे बुझे कौन कह देगा इस नीरव निर्जन में?
यह अनंत अवकाश नीड़-सा जिसका व्यथित बसेरा,
वही वेदना सजग पलक में भरकर अलस सवेरा।
कांप रहे हैं चरण पवन के, विस्तृत नीरवता सी-
धुली जा रही है दिशि-दिशि की नभ में मलिन उदासी।
अंतरतम की प्यास विकलता से लिपटी बढ़ती है,
युग-युग की असफलता का अवलंबन ले चढ़ती है।
विश्व विपुल-आंतक-त्रस्त है अपने ताप विषम-से,
फल रही है घनी लालिमा अंतर्दाह परम-से।
उद्वेलित है उदधि, लहरियां लोट रहीं व्याकुल सी
चक्रवाल की धुंधली रेखा मानो जाती झुलसी।
सघन धूम कुंडल में कैसी नाच रही यह ज्वाला,
तिमिर फणी पहने है मानो अपने मणि की माला!
जगती-तल का सारा क्रंदन यह विषमयी विषमता,
चुभने वाला अंतरंग छल अति दारुण निर्ममता।
जीवन के वे निष्ठुर दंशन जिनकी आतुर पीड़ा,
कलुष-चक्र सी नाच रही है बन आंखों की क्रीड़ा।
स्खलन चेतना के कौशल का भूल जिसे कहते हैं,
एक बिंदु, जिसमें विषाद के नद उमड़े रहते हैं।

आह वही अपराध, जगत की दुर्बलता की माया,
धरणी की वर्जित मादकता, संचित तम की छाया।
नील-गरल से भरा हुआ यह चंद्र-कपाल लिए हो,
इन्हीं निमीलित ताराओं में कितनी शांति पिये हो।
अखिल विश्व का विष पीते हो सृष्टि जियेगी फिर से,
कहां अमर शीतलता इतनी आती तुम्हें किधर से?
अचल अनंत नील लहरों पर बैठे आसन मारे,
देव! कौन तुम, झरते तन से श्रमकण से ये तारे!
इन चरणों में कर्म-कुसुम की अंजलि वे दे सकते,
चले आ रहे छायापथ में लोक-पथिक जो थकते,
किंतु कहां दुर्लभ उनको स्वीकृति मिली तुम्हारी!
लौटाये जाते वे असफल जैसे नित्य भिखारी!
प्रखर विनाशशील नर्तन में विपुल विश्व की माया,
क्षण-क्षण होती प्रकट नवीना बनकर उसकी काया।
सदा पूर्णता पाने को सब भूल किया करते क्या?
जीवन में यौवन पाने को जी-जी कर मरते क्या?
यह व्यापार महा-गतिशाली कहीं नहीं बसता क्या?
क्षणिक विनाशों में स्थिरमंगल चुपके से हंसता क्या?
यह विराग संबंध हृदय का कैसी यह मानवता!
प्राणी को प्राणी के प्रति बस बची रही निर्ममता!
जीवन का संतोष अन्य का रोदन बन हंसता क्यों?
एक-एक विश्राम प्रगति को परिसर सा कसता क्यों?
दुर्व्यवहार एक का कैसे अन्य भूल जावेगा,
कौन उपाय! गरल को कैसे अमृत बना पावेगा!''

जाग उठी थी तरल वासना मिली रही मादकता,
मनु को कौन वहां आने से भला रोक अब सकता!

खुले मसृण भुज-मूलों से वह आमंत्रण था मिलता,
उन्नत वक्षों में आलिंगन-सुख लहरों-सा तिरता।
नीचा हो उठता जो धीमे-धीमे निश्वासों में,
जीवन का ज्यों ज्वार उठ रहा हिमकर के हासों में।
जागृत था सौंदर्य यद्यपि वह सोती थी सुकुमारी,
रूप-चंद्रिका में उज्ज्वल थी आज निशा-सी नारी।
वे मासल परमाणु किरण से विद्युत थे बिखराते,
अलकों की डोरी में जीवन कण-कण उलझे जाते।
विगत विचारों के श्रम-सीकर बने हुए थे मोती,
मुख-मंडल पर करुण कल्पना उनको रही पिरोती।
छूते थे मनु और कंटकित होती थी वह बेली,
स्वस्थ-व्यथा की लहरों-सी जो अंग-लता थी फैली।
वह पागल सुख इस जगती का आज विराट बना था,
अंधकार-मिश्रित प्रकाश का एक वितान तना था।
कामायनी जगी थी कुछ-कुछ खोकर सब चेतनता,
मनोभाव आकार स्वयं ही रहा बिगड़ता बनता।
जिसके हृदय सदा समीप है वही दूर जाता है,
और क्रोध होता उस पर ही जिससे कुछ नाता है।
प्रिय को ठुकरा कर भी मन की माया उलझा लेती,
प्रणय-शिला प्रत्यावर्तन में उसको लौटा देती।

जलदागम-मारुत से कंपित पल्लव सदृश हथेली,
श्रद्धा की, धीरे से मनु ने अपने कर में ले ली।
अनुनय वाणी में, आंखों में उपालंभ की छाया,
कहने लगे "अरे यह कैसी मानवती की माया!
स्वर्ग बनाया है जो मैंने उसे न विफल बनाओ,
अरी अप्सरे! उस अतीत के नूतन गान सुनाओ।

इस निर्जन में ज्योत्सना-पुलकित विद्युत नभ के नीचे,
केवल हम तुम, और कौन है? रहो न आंखें मींचे।
आकर्षण से भरा विश्व यह केवल भोग्य हमारा,
जीवन के दोनों कूलों में बहे वासना धारा।
श्रम की, इस अभाव की जगती उसकी सब आकुलता,
जिस क्षण भूल सकें हम अपनी यह भीषण चेतनता।
वही स्वर्ग की बन अनंतता मुस्काता रहता है,
दो बूंदों में जीवन का रस लो बरबस बहता है।
देवों को अर्पित मधु-मिश्रित सोम अधर से छू लो,
मादकता दोला पर प्रेयसी! आओ मिलकर झूलो।''

श्रद्धा जाग रही थी तब भी छाई थी मादकता,
मधुर-भाव उसके तन-मन में अपना ही रस छलकता।
बोली एक सहज मुद्रा से ''यह तुम क्या कहते हो,
आज अभी तो किसी भाव की धारा में बहते हो।
कल ही यदि परिवर्तन होगा तो फिर कौन बचेगा!
क्या जाने कोई साथी बन नूतन यज्ञ रचेगा।
और किसी की फिर बली होगी किसी देव के नाते,
कितना धोखा! उससे तो हम अपना ही सुख पाते।
ये प्राणी जो बचे हुए हैं इस अचला जगती के,
उनको कुछ अधिकार नहीं क्या वे सब ही हैं फीके?
मनु! क्या यही तुम्हारी होगी उज्ज्वल नव मानवता।
जिसमें सब कुछ ले लेना हो हंत! बची क्या शवता!''

''तुच्छ नहीं है अपना सुख भी श्रद्धे! वह भी कुछ है,
दो दिन के इस जीवन का तो वही चरम सब कुछ है।
इंद्रिय का अभिलाषा जितनी सतत् सफलता पावे,

जहां हृदय की तृप्ति-विलासिनी मधुर-मधुर कुछ गावे।
रोम-हर्ष हो ज्योत्सना में मृदु मुस्कान खिले तो,
आशाओं पर श्वास निछावर होकर गले मिले तो।
विश्व-माधुरी जिसके सम्मुख मुकुर बनी रहती हो,
वह अपना सुख-स्वर्ग नहीं है! यह तुम क्या कहती हो?
जिसे खोजता फिरता मैं इस हिमगिरी के अंचल में,
वहीं अभाव स्वर्ग बन हंसता इस जीवन चंचल में।
वर्तमान जीवन के सुख से योग जहां होता है,
छली-अदृष्ट अभाव बना क्यों वहीं प्रकट होता है।
किंतु सकल कृतियों की अपनी सीमा हैं हम ही तो,
पूरी हो कामना हमारी, विफल प्रयास नहीं तो!''

एक अचेतनता लाती सी सविनय श्रद्धा बोली,
''बचा जान यह भाव सृष्टि ने फिर से आंखें खोली!
भेद-बुद्धि निर्मम ममता की समझ, बची ही होगी,
प्रलय-पयोनिधि की लहरें भी लौट गयी ही होंगी।
अपने में सब कुछ भर कैसे व्यक्ति विकास करेगा,
यह एकांत स्वार्थ भीषण है अपना नाश करेगा।
औरों को हंसते देखो मनु-हंसो और सुख पाओ,
अपने सुख को विस्तृत कर लो सबको सुखी बनाओ!
रचना-मूलक सृष्टि-यज्ञ यह यज्ञ-पुरुष का जो है,
संसृति-सेवा भाग हमारा उसे विकसने को है!
सुख तो सीमित कर अपने में केवल दुख छोड़ोगे,
इतर प्राणियों की पीड़ा लख अपना मुंह मोड़ोगे,
ये मुद्रित कलियां दल में सब सौरभ बंदी कर लें,
सरस न हों मकरंद बिंदु से खुल कर, तो ये मर लें-
सूखें, झड़ें और तब कुचले सौरभ को पाओगे,

फिर आमोद कहां से मधुमय वसुधा को लाओगे,
सुख अपने संतोष के लिए संग्रह-मूल नहीं है,
उसमें एक प्रदर्शन जिसको देखें अन्य, वही है।
निर्जन में क्या एक अकेले तुम्हें प्रमोद मिलेगा?
नहीं इसी से अन्य हृदय का कोई सुमन खिलेगा।
सुख-समीर को पाकर, चाहे हो वह एकांत तुम्हारा
बढ़ती है सीमा संसृति की बन मानवता-धारा।''

हृदय हो रहा था उत्तेजित बातें कहते-कहते,
श्रद्धा के थे अधर सूखते मन की ज्वाला सहते।
उधर सोम का पात्र लिये मनु, समय देखकर बोले-
''श्रद्धे! पी लो इसे बुद्धि के बंधन को जो खोले।
वही करूंगा जो कहती हो सत्य, अकेला सुख क्या!
यह मनुहार! रुकेगा प्याला पीने से फिर मुख क्या?''
आंखे प्रिय आंखों में, डूबे अरुण अधर थे रस में
हृदय काल्पनिक-विजय में सुखी चेतनता नस-नस में।
छल-वाणी की वह प्रवंचना हृदयों की शिशुता को,
खेल खिलाती भुलवाती जो उस निर्मल विभुता को,
जीवन का उद्देश्य, लक्ष्य की प्रगति दिशा को पल में
अपने मधुर इंगित से बदल सके जो छल में-
वही शक्ति अवलंब मनोहर निज मनु को थी देती,
जो अपने अभिनय से मन को सुख में उलझा लेती।

''श्रद्धे, होगी चंद्रशालिनी यह भव-रजनी भीमा,
तुम बन जाओ इस जीवन के मेरे सुख की सीमा।
लज्जा का आवरण प्राण को ढंक लेता है तम से,
उसे अकिंचन कर देता है अलगाता 'हम तुम' से।

कुचल उठा आनन्द,—यही है बाधा, दूर हटाओ,
अपने ही अनुकूल सुखों को मिलने दो मिल जाओ।"

और एक फिर व्याकुल चुंबन रक्त खौलता जिससे,
शीतल प्राण धधक उठते हैं तृषा—तृप्ति के मिस से।
दो काठों की संधि बीच उस निभृत गुफा में अपने,
अग्नि-शिखा बुझ गई, जागने पर जैसे सुख सपने।

ईर्ष्या

पल भर की उस चंचलता ने खो दिया हृदय का स्वाधिकार,
श्रद्धा की अब वह मधुर निशा फैलाती निष्फल अंधकार!
मनु को अब मृगया छोड़ नहीं रह गया और था अधिक काम,
लग गया रक्त था उस मुख में—हिंसा-सुख लाली से ललाम।
हिंसा ही नहीं—और भी कुछ वह खोज रहा था मन अधीर,
अपने प्रभुत्व की सुख सीमा जो बढ़ती हो अवसाद चीर।
जो कुछ मनु के करतलगत था उसमें न रहा कुछ भी नवीन,
श्रद्धा का सरल विनोद नहीं रुचता अब था बन रहा दीन।
उठती अंतस्तल से सदैव दुर्ललित लालसा जो कि कांत,
वह इंद्रचाप-सी झिलमिल हो दब जाती अपने आप शान्त।

"निज उद्गम का मुख बंद किये कब तक सोयेंगे अलस प्राण!
जीवन की चिर चंचल पुकार रोये कब तक, है कहां त्राण!
श्रद्धा का प्रणय और उसकी आरंभिक सीधी अभिव्यक्ति,
जिसमें व्याकुल आलिंगन का अस्तित्व न तो है कुशल सूक्ति!
भावनामयी यह स्फूर्ति नहीं नव-नव स्मित रेखा में विलीन,
अनुरोध न तो उल्लास, नहीं कुसुमोदगम-सा कुछ भी नवीन!

आती है वाणी में न कभी वह चाव भरी लीला-हिलोर,
जिसमें नूतनता नृत्यमयी इठलाती हो चंचल मरोर।
जब देखो बैठी हुई वहीं शालियां बीन कर नहीं श्रांत,
या अन्न इकट्ठे करती है होती न तनिक सी कभी क्लांत।
बीजों का सग्रंह और इधर चलती है तकली भरी गीत,
सब कुछ लेकर बैठी है वह, मेरा अस्तित्व हुआ अतीत!''

लौटे थे मृगया से थक कर दिखलाई पड़ता गुफा-द्वार,
पर और न आगे बढ़ने की इच्छा होती, करते विचार!
मृग डाल दिया, फिर धनु को भी, मनु बैठ गये शिथिलित शरीर,
बिखरे थे सब उपकरण वहीं आयुध, प्रत्यंचा, शृंग, तीर।

''पश्चिम की रागमयी संध्या अब काली है हो चली, किंतु,
अब तक आये न अहेरी वे क्या दूर ले गया चपल जंतु''-
यों सोच रही मन में अपने हाथों में तकली रही घूम,
श्रद्धा कुछ-कुछ अनमनी चली अलकें लेती थीं गुल्फ चूम।
केतकी-गर्भ-सा पीला मुंह आंखों में आलस भरा स्नेह,
कुछ कृशता नई लजीली थी कंपित लतिका-सी लिये देह!
मातृत्व-बोझ से झुके हुए बंध रहे पयोधर पीन आज,
कोमल काले ऊनों की नवपट्टिका बनाती रुचिर साज,
सोने की सिकता में मानों कालिंदी बहती भर उसांस।
स्वर्गंगा में इंदीवर की या एक पंक्ति कर रही हास!
कटि में लिपटा था नवल-वसन वैसा ही हलका बुना नील।
दुर्भर थी गर्भ-मधुर पीड़ा झेलती जिसे जननी सलील।
श्रम-बिन्दु बना-सा झलक रहा भावी जननी का सरस गर्व,
बन कुसुम बिखरते थे भू पर आया समीप था महापर्व।
मनु ने देखा जब श्रद्धा का वह सहज-खेद से भरा रूप,

अपनी इच्छा का दृढ़ विरोध—जिसमें वे भाव नहीं अनूप।
वे कुछ भी बोले नहीं, रहे चुपचाप देखते साधिकार,
श्रद्धा कुछ-कुछ मुस्कुरा उठी ज्यों जान गई उनका विचार।

'दिन भर थे कहां भटकते तुम' बोली श्रद्धा भर मधुर स्नेह—
''यह हिंसा इतनी है प्यारी जो भुलवाती है देह-गेह!
मैं यहां अकेली देख रही पथ, सुनती-सी पद-ध्वनि नितांत,
कानन में जब तुम दौड़ रहे मृग के पीछे बन कर अशांत!
ढ़ल गया दिवस पीला-पीला तुम रक्तारुण बन रहे धूम,
देखो नीड़ों में विहग-युगल अपने शिशुओं को रहे चूम!
उनके घर में कोलाहल है मेरा सूना है गुफा-द्वार!
तुमको क्या ऐसी कमी रही जिसके हित जाते अन्य-द्वार?''

''श्रद्धे तुमको कुछ कमी नहीं पर मैं तो देख रहा अभाव,
भूली-सी कोई मधुर वस्तु जैसे कर देती विकल घाव।
चिर-मुक्त-पुरुष वह कब इतने अबरूद्ध श्वास लेगा निरीह!
गतिहीन पंगु-सा पड़ा-पड़ा ढह कर जैसे बन रहा डीह।
जब जड़-बंधन-सा एक मोह कसता प्राणों का मृदु शरीर,
आकुलता और जकड़ने की तब ग्रंथि तोड़ती हो अधीर।
हंस कर बोले, बोलते हुए निकले मधु-निर्झर-ललित-गान,
गानों में हो उल्लास भरा झूमे जिसमें बन मधुर प्रान।
वह आकुलता अब कहां रही जिसमें सब कुछ ही जाय भूल,
आशा के कोमल तंतु-सदृश तुम तकली में हो रही झूल।
यह क्यों, क्या मिलते नहीं तुम्हें शावक के सुन्दर मृदुल चर्म?
तुम बीज बीनती क्यों? मेरा मृगया का शिथिल हुआ न कर्म।
तिस पर यह पीलापन कैसा—यह क्यों बनने का श्रम सखेद?
यह किसके लिए, बताओ तो क्या इसमें है छिप रहा भेद?''

"अपनी रक्षा करने में जो चल जाय तुम्हारा कहीं अस्त्र,
वह तो कुछ समझ सकी हूं मैं–हिंसक से रक्षा करे शस्त्र।
पर जो निरीह जीकर भी कुछ उपकारी होने में समर्थ,
वे क्यों न जियें, उपयोगी बन–इसका मैं समझ सकी न अर्थ!
चमड़े उनके आवरण रहे ऊनों से मेरा चले काम,
वे जीवित हों मांसल बन कर हम अमृत दुहें–वे दुग्धधाम।
वे द्रोह न करने के स्थल हैं जो पाले जा सकते सहेतु,
पशु से यदि हम कुछ ऊंचे हैं तो भव-जलनिधि में बनें सेतु।"

"मैं यह तो मान नहीं सकता सुख सहज-लब्ध यों छूट जाय,
जीवन का संघर्ष चले वह विफल रहे हम छले जायं।
काली आंखों की तारा में–मैं देखूं अपना चित्र धन्य,
मेरा मानस का मुकुर रहे प्रतिबिंबित तुमसे ही अनन्य।
श्रद्धे! यह नव संकल्प नहीं–चलने का लघु जीवन अमोल,
मैं उसको निश्चय भोग चलूं जो सुख चलदल सा रहा डोल!
देखा क्या तुमने कभी नहीं स्वर्गीय सुखों पर प्रलय-नृत्य?
फिर नाश और चिर-निद्रा है तब इतना क्यों विश्वास सत्य?
यह चिर-प्रशांत-मंगल की क्यों अभिलाषा इतनी रही जाग?
यह संचित क्यों हो रहा स्नेह किस पर इतनी हो सानुराग?
यह जीवन का वरदान–मुझे दे दो रानी–अपना दुलार,
केवल मेरी ही चिंता का तव-चित वहन कर रहे भार।
मेरा सुंदर विश्राम बना सृजता हो मधुमय विश्व एक,
जिसमें बहती हो मधु-धारा लहरें उठती हों एक-एक।"

"मैंने तो एक बनाया है चल कर देखो मेरा कुटीर,"
यों कह कर श्रद्धा हाथ पकड़ मनु को ले चली वहां अधीर।
उस गुफा समीप पुआलों की छाजन छोटी-सी शांति-पुंज,

कोमल लतिकाओं की डालें मिल सघन बनाती जहां कुंज,
थे वातायन भी कटे हुए–प्राचीन पर्णमय रचित शुभ्र,
आवें क्षण भर तो चलें जायं–रूक जायं कहीं न समीर, अभ्र।
उसमें था झूला पड़ा हुआ बेतसी-लता का सुरुचिपूर्ण,
बिछ रहा धरातल पर चिकना सुमनों का कोमल सुरभि-चूर्ण।
कितनी मीठी अभिलाषायें उसमें चुपके से रहे घूम।
कितने मंगल के मधुर गान उसके कोनों को रहे चूम!
मनु देख रहा था चकित नया यह गृहलक्ष्मी का गृह-विधान।
पर कुछ अच्छा-सा नहीं लगा, 'यह क्यों? किसका सुख साभिमान?'
चुप थे पर श्रद्धा ही बोली–''देखो यह तो बन गया नीड़,
पर इसमें कलरव करने को आकुल न हो रही अभी भीड़।
तुम दूर चले जाते हो जब–तब लेकर तकली, यहां बैठ,
मैं उसे फिराती रहती हूं अपनी निर्जनता बीच पैठ।
मैं बैठी गाती हूं तकली के प्रतिवर्तन में स्वर विभोर–
'चल री तकली धीरे-धीरे प्रिय गये खेलने को अहेर'।
जीवन का कोमल तंतु बढ़े तेरी ही मंजुलता समान,
चिर-नग्न प्राण उनमें लिपटें सुंदरता का कुछ बढ़े मान।
किरणों-सी तु बुन दे उज्ज्वल मेरे मधु-जीवन का प्रभात,
जिसमें निर्वसना प्रकृति सरल ढंक ले प्रकाश से नवल गात।
वासना भरी उन आंखों पर आवरण डाल दे कांतिमान,
जिसमें सौंदर्य निखर आये लतिका में फुल्ल-कुसुम-समान।
अब वह आगन्तुक गुफा बीच पशु-सा न रहे निर्वसन-नग्न,
अपने अभाव की जड़ता में वह रह न सकेगा कभी मग्न।
सूना न रहेगा यह मेरा लघु-विश्व कभी जब रहोगे न,
मैं उसके लिये बिछाऊंगी फूलों के रस का मृदुल फेन।
झूले पर उसे झुलाऊंगी दुलरा कर लूंगी वदन चूम,
मेरी छाती से लिपटा इस घाटी में लेगा सहज घूम।

वह आवेग मृदु मलयज-सा लहराता अपने मसृण बाल,
उसके अधरों से फैलेगी नवमधुमय स्मिति-लतिका-प्रवाल।
अपनी मीठी रसना से वह बोलेगा ऐसे मधुर बोल,
मेरी पीड़ा पर छिड़केगा जो कुसुम-धूलि मकरंद घोल।
मेरी आंखों का सब पानी तब बन जायेगा अमृत स्निग्ध,
उन निर्विकार नयनों में जब देखूंगी अपना चित्र मुग्ध!''

तुम फूल उठोगी लतिका सी कंपित कर सुख सौरभ तरंग,
मैं सुरभि खोजता भटकूंगा वन-वन बन कस्तूरी कुरंग।
यह जलन नहीं सह सकता मैं चाहिये मुझे मेरा ममत्व,
इस पंचभूत की रचना में मैं रमण करूं बन एक तत्त्व।
यह द्वैत, अरे यह द्विविधा तो है प्रेम बांटने का प्रकार।
भिक्षुक मैं! ना, यह कभी नहीं- मैं लौटा लूंगा निज विचार।
तुम दानशीलता से अपनी बन सजल जलद वितरो न बिंदु।
इस सुख-नभ में मैं विचरूंगा बन सकल कलाधर शरद-इंदु।
भूले से कभी निहारोगी कर आकर्षणमय हास एक,
मायाविनि! मैं न उसे लूंगा वरदान समझकर-जानु टेक!
इस दीन अनुग्रह का मुझ पर तुम बोझ डालने में समर्थ-
अपने को मत समझो श्रद्धे! होगा प्रयास यह सदा व्यर्थ।
तुम अपने सुख से सुखी रहो मुझको दुख पाने दो स्वतंत्र,
'मन की परवशता महा-दुःख' मैं यही जपूंगा महामंत्र!
लो चला आज मैं छोड़ यहीं संचित संवेदन-भार-पुंज,
मुझको कांटे ही मिलें धन्य! हो सफल तुम्हें ही कुसुम-कुंज।''
कह, ज्वलनशील अंतर लेकर मनु चले गये, था शून्य प्रांत,
''रूक जा, सुन ले ओ निर्मोही!'' वह कहती रही अधीर श्रांत!

इड़ा

"किस गहन गुहा से अति अधीर
झंझा-प्रवाह-सा निकला यह जीवन विक्षुब्ध महासमीर
ले साथ विकल परमाणु-पुंज नभ, अनिल, अनल, क्षिति और नीर
भयभीत सभी को भय देता भय की उपासना में विलीन
प्राणी कटुता को बाट रहा जगती को करता अधिक दीन
निर्माण और प्रतिपद-विनाश में दिखलाता अपनी क्षमता
संघर्ष कर रहा-सा सब से, सबसे विराग सब पर ममता
अस्तित्व-चिरंतन-धनु से कब, यह छूट पड़ा है विषम तीर
किस लक्ष्य-भेद को शून्य चीर?

देखे मैंने वे शैल-शृंग
जो अचल हिमानी से रंजित, उन्मुक्त, उपेक्षा भरे तुंग
अपने जड़-गौरव के प्रतीक वसुधा का कर अभिमान भंग
अपनी समाधि में रहे सुखी, बह जाती है नदियां अबोध
कुछ स्वेद-बिंदु उसके लेकर, वह स्तिमित-नयन गत शोक-क्रोध
स्थिर-मुक्ति, प्रतिष्ठा मैं वैसी चाहता नहीं इस जीवन की
मैं तो अबाध गति मरुत्-सदृश, हूं चाह रहा अपने अपने मन की
जो चूम चला जाता अग-जग प्रति-पग में कंपन की तरंग
यह ज्वलनशील गतिमय पतंग।

अपनी ज्वाला से कर प्रकाश
जब छोड़ चला आया सुंदर प्रारंभिक जीवन का निवास
वन, गुहा, कुंज, मरु-अंचल में हूं खोज रहा अपना विकास
पागल मैं, किस पर सदय रहा—क्या मैंने ममता ली न तोड़
किस पर उदारता से रीझा—किसने न लगा दी कड़ी होड़?

इस विजन प्रांत में बिलख रही मेरी पुकार उत्तर न मिला
लू-सा झुलसता दौड़ रहा-कब मुझसे कोई फूल खिला?
मैं स्वप्न देखता हूं उजड़ा-कल्पनालोक में कर निवास
देखा कब मैंने कुसुम हास!

इस दुखमय जीवन का प्रकाश
नभ-नील लता की डालों में उलझा अपने सुख से हताश!
कलियां जिनको मैं समझ रहा वे कांटे बिखरे आस-पास
कितना बीहड़-पथ चला और पड़ रहा कहीं थक कर नितांत
उन्मुक्त शिखर हंसते मुझ पर-रोता मैं निर्वासित अशांत
इस नियति-नटी के अति भीषण अभिनय की छाया नांच नही
खोखली शून्यता में प्रतिपद-असफलता अधिक कुलांच रही
पावस-रजनी में जुगुनू गण को दौड़ पकड़ता मैं निराश
उन ज्योति कणों का कर विनाश!

जीवन-निशीथ के अंधकार!
तू, नील तुहिन-जल-निधि बन कर फैला है कितना वार-पार
कितनी चेतनता की किरणें है डूब रहीं ये निर्विकार
कितना मादक तम, निखिल भुवन भर रहा भूमिका में अभंग!
तू, मूर्तिमान हो छिप जाता प्रतिफल के परिवर्तन अनंग
ममता की क्षीण अरुण रेखा खिलती है तुझमें ज्योति-कला
जैसे सुहागिनी की ऊर्मिल अलकों में कुंकुमचूर्ण भला
रे चिरनिवास विश्राम प्राण के मोह-जलद-छाया उदार
मायारानी के केशभार!

जीवन-निशीथ के अंधकार!
तू घूम रहा अभिलाषा के नव ज्वलन-धूम-सा दुर्निवार

जिसमें अपूर्ण–लालसा, चिनगारी-सी उठती पुकार
यौवन मधुवन की कालिंदी बह रही चूम कर सब दिगंत
मन-शिशु की क्रीड़ा नौकायें बस दौड़ लगाती है अनंत
कुहूकिनि अपलक दृग के अंजन! हंसती तुझमें सुंदर छलना
धूमिल रेखाओं से सजीव चंचल मित्रों की नव–कलना
इस चिर प्रवास श्यामल पथ में छायी पिक प्राणों की पुकार–
वन नीत प्रतिध्वनि नभ अपार!

यह उजड़ा सूना नगर–प्रांत
जिसमें सुख–दुख की परिभाषा विध्वस्त शिल्प–सी हो नितांत
निज विकृत वक्र रेखाओं से, प्राणी का भाग्य बनी अशांत
कितनी सुखमय स्मृतियां, अपूर्ण रुचि बन कर मंडराती विकीर्ण
इन ढेरों में दुखभरी कुरुचि दब रही अभी बन पत्र जीर्ण
आती दुलार को हिचकी–सी सूने कोनों में कसक भरी
इस सूखे तरु पर मनोवृति आकाश–बेलि सी रही हरी
जीवन–समाधि के खंड़हर पर जो जल उठते दीपक अशांत
फिर बुझ जाते वे स्वयं शांत।

यों सोच रहे मनु पड़े श्रांत
श्रद्धा का सुख साधन निवास जब छोड़ चले आये प्रशांत
पथ–पथ में भटक अटकते वे आये इस ऊजड़ नगर–प्रांत
बहती सरस्वती वेग भरी निस्तब्ध हो रही निशा श्याम
नक्षत्र निरखते निर्निमेष वसुधा को वह गति विकल वाम
वृत्रघ्नी का वह जनाकीर्ण उपकूल आज कितना सूना
देवेश इंद्र की विजय–कथा की स्मृति देती थी दुख दूना
वह पवन सारस्वत प्रदेश दुःस्वप्न देखता पड़ा क्लांत
फैला था चारों ओर ध्वांत।

"जीवन का लेकर नव विचार
जब चला द्वंद्व था असुरों में प्राणों की पूजा का प्रचार
उस ओर आत्मविश्वास-निरत सुर-वर्ग कह रहा था पुकार-
'मैं स्वयं सतत आराध्य आत्म-मंगल-उपासना में विभोर
उल्लासशील मैं शक्ति-केंद्र, किसकी खोजूं फिर शरण और
आनंद-उच्छलित-शक्ति-स्रोत जीवन-विकास वैचित्र्य भरा
अपना नव-नव निर्माण किये रखता यह विश्व सदैव हरा,
प्राणों के सुख साधन में ही, संलग्न असुर करते सुधार
नियमों में बधंते दुर्निवार

था एक पूजता देह दीन
दूसरा अपूर्ण अहंता में अपने को समझ रहा प्रवीण
दोनों हठ था दुर्निवार, दोनों ही थे विश्वास-हीन-
फिर क्यों न तर्क को शस्त्रों से वे सिद्ध करें-क्यों हो न युद्ध
उनका संघर्ष चला अशांत वे भाग रहे अब तक विरुद्ध
मुझमें ममत्त्वमय आत्म-मोह स्वातंत्र्यमयी उच्छृंखलता
हो, प्रलय-भीत तन रक्षा में पूजन करने की व्याकुलता
वह पूर्व द्वंद्व परिवर्तित हो मुझको बना रहा अधिक दीन
-सचमुच मैं हूं श्रद्धा-विहीन।"

"मनु! तुम श्रद्धा को गये भूल
उस पूर्ण आत्म-विश्वासमयी को उड़ा दिया समझ तूल
तुमने तो समझा असत् विश्व जीवन धागे में रहा झूल
जो क्षण बीतें सुख-साधन में उनको ही वास्तव लिया मान
वासना-तृप्ति ही स्वर्ग बनी, यह उलटी मति का व्यर्थ-ज्ञान
तुम भूल गये पुरुषत्व-मोह में कुछ सत्ता है नारी की
समरसता है संबंध बनी अधिकार और अधिकारी की।"

जब गूंजी यह वाणी तीखी कंपित करती अंबर अकूल
मनु को जैसे चुभ गया शूल।

"यह कौन? अरे फिर वही काम!
जिसने इस भ्रम में है डाला छीना जीवन का सुख-विराम?
प्रत्यक्ष लगा होने अतीत जिन घड़ियों का अब शेष नाम
वरदान आज उस गतयुग का कंपित करता है अंतरंग
अभिशाप ताप की ज्वाला से जल रहा आज मन और अंग–
बोले मनु–"क्या मैं भ्रांत साधना में ही अब तक लगा रहा
क्या तुमने श्रद्धा को पाने के लिए नहीं सस्नेह कहा?
पाया तो उसने भी मुझको दे दिया हृदय निज अमृत-धाम
फिर क्यों न हुआ मैं पूर्ण-काम?"

"मनु! उसने तो कर लिया दान
वह हृदय प्रणय से पूर्ण सरल जिसमें जीवन का भरा मान
जिसमें चेतनता ही केवल निज शांत प्रभा से ज्योतिमान
पर तुमने तो पाया सदैव उसकी सुंदर जड़ देह मात्र
सौंदर्य जलधि से भर लाये केवल तुम अपना गरल पात्र
तुम अति अबोध, अपनी अपूर्णता को न स्वयं तुम समझ सके
परिणय जिसको पूरा करता उससे तुम अपने आप रुके
'कुछ मेरा हो' यह राग-भाव संकुचित पूर्णता है अजान
मानस-जलनिधि का क्षुद्र-यान।

हां, अब तुम बनने को स्वतंत्र
सब कलुष ढाल कर औरों पर रखते हो अपना अलग तंत्र
द्वंद्वों का उद्‌गम तो सदैव शाश्वत रहता वह एक मंत्र

डाली में कंटक संग कुसुम खिलते मिलते भी हैं नवीन
अपनी रुचि से तम बिंधे हुए जिसको चाहे ले रहे बीन
तुमने तो प्राणमयी ज्वाला का प्रणय-प्रकाश न ग्रहण किया
हां, जलन वासना को जीवन भ्रम तम में पहला स्थान दिया–
अब विकल प्रवर्तन हो ऐसा जो नियति-चक्र का बने यंत्र
हो शाप भरा तब प्रजातंत्र

यह अभिनव मानव प्रजा सृष्टि
द्वयता में लगी निरंतर ही वर्णों की करती रहे वृष्टि
अनजान समस्यायें गढ़ती रचती हो अपनी ही विनष्टि
कोलाहल कलह अनंत चले, एकता नष्ट हो बढ़े भेद
अभिलषित वस्तु तो दूर रहे, हां मिले अनिच्छित दुखद खेद
हृदयों का हो आवरण सदा अपने वक्षस्थल की जड़ता
पहचान सकेंगे नहीं परस्पर चले विश्व गिरता पड़ता
सब कुछ भी हो यदि पास भरा पर दूर रहेगी सदा तुष्टि
दुख देगी यह संकुचित दृष्टि।

अनवरत उठे कितनी उमंग
चुंबित हों आंसू जलधर से अभिलाषाओं के शैल-शृंग
जीवन-नद हाहाकार भरा–हो उठती पीड़ा की तरंग
लालसा भरे यौवन के दिन पतझड़ से सूखे जायें बीत
संदेह नये उत्पन्न रहें उनसे संतप्त सदा सभीत
फलेगा स्वजनों का विरोध बन कर तम वाली श्याम-अमा
दारिद्रय दलित बिलखाती हो यह शस्यश्यामला प्रकृति-रमा
दुख-नीरद में बन इंद्रधनुष बदले नर कितने नये रंग-
बन तृष्णा-ज्वाला का पतंग।

वह प्रेम न रह जाये पुनीत
अपने स्वार्थों से आवृत हो मंगल-रहस्य सकुचे सभीत
सारी संसृति हो विरह भरी, गाते ही बीतें करुण गीत
आकांक्षा जलनिधि की सीमा हो क्षितिज निराशा सदा रक्त
तुम राग-विराग करो सबसे अपने को कर शतशः विभक्त
मस्तिष्क हृदय के हो विरूद्ध, दोनों में हो सद्भाव नहीं
वह चलने को जब कहे कहीं तब हृदय विकल चल जाय कहीं
रोकर बीतें सब वर्तमान क्षण सुंदर अपना हो अतीत
पेंगों में झूले हार-जीत।

संकुचित असीम अमोघ शक्ति
जीवन को बाधा-मय पथ पर ले चले मेद से भरी भक्ति
या कभी अपूर्ण अहंता में हो रागमयी-सी महाशक्ति
व्यापकता नियति-प्रेरणा बन अपनी सीमा में रहे बंद
सर्वज्ञ-ज्ञान का क्षुद्र-अंश विद्या बनकर कुछ रचे छंद
कर्तृत्व-सकल बनकर आये नश्वर-छाया-सी ललित-कला
नित्यता विभाजित हो पल-पल में काल निरंतर चले ढला
तुम समझ न सको, बुनाई से शुभ-इच्छा की है बड़ी शक्ति
हो विफल तर्क से भरी युक्ति।

जीवन सारा बन जाय युद्ध
उस रक्त, अग्नि की वर्षा में बह जायं सभी जो भाव शुद्ध
अपनी शंकाओं से व्याकुल तुम अपने ही होकर विरुद्ध
अपने को आवृत किये रहो दिखलाओ निज कृत्रिम स्वरूप
वसुधा के समतल पर उन्नत चलता फिरता हो दंभ-स्तूप
श्रद्धा इस संसृति की रहस्य-व्यापक, विशुद्ध, विश्वासमयी
सब कुछ देकर नव-निधि अपनी तुमसे ही तो वह छली गयी

हो वर्तमान से वंचित तुम अपने भविष्य में रहो रुद्ध
सारा प्रपंच ही हो अशुद्ध।

तुम जरा मरण में चिर अशांत
जिसको अब तक समझे थे सब जीवन में परिवर्तन अनंत
अमरत्व, यही अब भूलेगा तुम व्याकुल उसको कहो अंत
दुखमय चिर चिंतन के प्रतीक! श्रद्धा-वंचक बनकर अधीर
मानव-संतति ग्रह-रश्मि-रज्जु से भाग्य बांध पीटे लकीर
'कल्याण भूमि यह लोक' यही श्रद्धा-रहस्य जाने न प्रजा
अतिचारी मिथ्या मान इसे परलोक-वंचना से भर जा
आशाओं में अपने निराश निज बुद्धि विभव से रहे भ्रांत
वह चलता रहे सदैव श्रांत।"

अभिशाप-प्रतिध्वनि हुई लीन
नभ-सागर के अंतस्तल में जैसे छिप जाता महा मीन
मृदु मरुत्-लहर में फेनोपम तारागण झिलमिल हुए दीन
निस्तब्ध मौन था अखिल लोक तंद्रालस था वह विजन प्रांत
रजनी-तम-पुंजीभूत-सदृश मनु श्वास ले रहे थे अशांत
वे सोच रहे थे "आज वही मेरा अदृष्ट बन फिर आया
जिसने डाली थी जीवन पर पहले अपनी काली छाया
लिख दिया आज उसने भविष्य! यातना चलेगी अंतहीन
अब तो अवशिष्ट उपाय भी न।"

करती सरस्वती मधुर नाद
बहती थी श्यामल घाटी में निर्लिप्त भाव सी अप्रमाद
सब उपल उपेक्षित पड़े रहे जैसे वे निष्ठुर जड़ विषाद
वह थी प्रसन्नता की धारा जिसमें था केवल मधुर गान

थी कर्म-निरंतरता-प्रतीक चलता था स्ववश अनंत-ज्ञान
हिम-शीतल लहरों का रह-रह कूलों से टकराते जाना
आलोक अरुण किरणों का उन पर अपनी छाया बिखराना-
अद्‌भुत था! जिन-निर्मित-पथ का वह पथिक चल रहा निर्विवाद
कहता जाता कुछ सुसंवाद।

प्राची में फैला मधुर राग
जिसके मंडल में एक कमल खिल उठा सुनहला भर पराग
जिसके परिमल से व्याकुल हो श्यामल कलरव सब उठे जाग
आलोक-रश्मि से बुने उषा-अंचल में आंदोलन अमंद
करता प्रभात का मधुर पवन सब ओर वितरने को मरंद
उस रम्य फलक पर नवल चित्र-सी प्रकट हुई सुंदर बाला
वह नयन-महोत्सव की प्रतीक अम्लान-नलिन की नव-माला
सुषमा का मंडल सुस्मित-सा बिखराता संसृति पर सुराग
सोया जीवन का तम विराग।

बिखरी अलकें ज्यों तर्क जाल-
वह विश्व मुकुट सा उज्ज्वलतम शशिखंड सदृश था स्पष्ट भाल
दो पद्म-पलाश चषक-से दृग लेते अनुराग विराग ढाल
गुंजरित मधुप से मुकुल सदृश वह आनन जिसमें भरा गान
वक्षस्थल पर एकत्र धरे संसृति के सब विज्ञान-ज्ञान
था एक हाथ में कर्म-कलश वसुधा-जीवन-रस-सार लिये
दूसरा विचारों के नभ को था मधुर अभय अवलंब दिये
त्रिवली थी त्रिगुण-तरंगमयी, आलोग-वसन लिपटा अराल
चरणों मे थी गति भरी ताल।

नीरव थी प्राणों की पुकार
मूर्च्छित जीवन-सर निस्तरंग नीहार घिर रहा था अपार
निस्तब्ध अलस बन कर सोयी चलती न रही चंचल बयार
पीता मन मुकुलित कंज आप अपनी मधु बूंदें मधुर मौन
निस्वन दिगंत में रहे रुद्ध सहसा बोले मनु "अरे कौन-
आलोकमयी स्मिति-चेतनता आयी यह हेमवती छाया"
तंद्रा के स्वप्न तिरोहित थे बिखरी केवल उजली माया
वह स्पर्श-दुलार-पुलक से भर बीते युग को उठता पुकार
वीचियां नाचतीं बार-बार।

प्रतिभा प्रसन्न-मुख सहज खोल
वह बोली-'मैं हूं इड़ा, कहो तुम कौन यहां पर रहे डोल!"
नासिका नुकीली के पतले पुट फरक रहे कर स्मित अमोल
"मनु मेरा नाम सुनो बाले! मैं विश्व पथिक सह रहा क्लेश।"
"स्वागत! पर देख रहे हो तुम यह उजड़ा सारस्वत प्रदेश
भौतिक हलचल से यह चंचल हो उठा देश ही था मेरा
इसमें अब तक हूं पड़ी इसी आशा से आये दिन मेरा।"
× × ×
"मैं तो आया हूं-देवि बता दो जीवन का क्या सहज मोल
भव के भविष्य का द्वार खोल!

इस विश्वकुहर में इंद्रजाल
जिसने रच कर फैलाया है ग्रह, तारा, विद्युत, नखत-माल,
सागर की भीषणतम तरंग-सा खेल रहा वह महाकाल
तब क्या इस वसुधा के लघु-लघु प्राणी को करने को सभीत
उस निष्ठुर की रचना कठोर केवल विनाश की रही जीत
तब मूर्ख आज तक क्यों समझे है सृष्टि उसे जो नाशमयी

उसका अधिपति! होगा कोई, जिस तक दुख की न पुकार गयी
सुख नीड़ों को घेरे रहता अविरत विषाद का चक्रवाल
किसने यह पट है दिया डाल!

शनि का सुदूर वह नील लोक
जिसकी छाया-सा फैला है ऊपर नीचे यह गगन-शोक
उसके भी परे सुना जाता कोई प्रकाश का महा ओक
वह एक किरण अपनी देकर मेरी स्वतंत्रता में सहाय
क्या बन सकता? नियति-जाल से मुक्ति-दान का कर उपाय।''

× × ×

''कोई भी हो वह क्या बोले, पागल बन नर निर्भर न करे
अपनी दुर्बलता बल संभाल गंतव्य मार्ग पर पैर धरे-
मत कर पसार-निज पैरों चल, चलने की जिसको रहे झोंक
उसको कब कोई सके रोक?

हां तुम ही हो अपने सहाय?
जो बुद्धि कहे उनको न मान कर फिर किसकी नर शरण जाय
जितने विचार संस्कार रहे उनका न दूसरा है उपाय
यह प्रकृति, परम रमणीय अखिल-ऐश्वर्य-भरी शोधक विहीन
तुम उसका पटल खोलने में परिकर कस कर बन कर्मलीन
सबका नियमन शासन करते बस बढ़ा चलो अपनी क्षमता
तुम ही इसके निर्णायक हो, हो कहीं विषमता या समता
तुम जड़ता को चैतन्य करो विज्ञान सहज साधन उपाय
यश अखिल लोक में रहे छाय।''

हंस पड़ा गगन यह शून्य लोक
जिसके भीतर बस कर उजड़े कितने ही जीवन मरण शोक

कितने हृदयों के मधुर मिलन क्रंदन करते बन विरह-कोक
ले लिया भार अपने सिर पर मनु ने यह अपना विषम आज
हंस पड़ी उषा प्राची-नभ में देखे नर अपना राज-काज
चल पड़ीं देखने वह कौतुक चंचल मलयाचल की बाला
लख लाली प्रकृति कपोलों में गिरता तारा दल मतवाला
उन्निद्र कमल-कानन में होती थी मधुपों की नोक-झोंक।
वसुधा विस्मृत थी सकल-शोक।

''जीवन निशीथ का अंधकार
भग रहा क्षितिक के अंचल में मुख आवृत कर तुमको निहार
तुम इड़े उषा-सी आज यहां आयी हो बन कितनी उदार
कलरव कर जाग पड़े मेरे ये मनोभाव सोये विहंग
हंसती प्रसन्नता चाव भरी बन कर किरणों की सी तरंग
अवलंब छोड़ कर औरों का जब बुद्धिवाद को अपनाया
मैं बढ़ा सहम, तो स्वयं बुद्धि को मानो आज यहां पाया
मेरे विकल्प संकल्प बनें, जीवन हो कर्मों की पुकार
सुख साधन का हो खुला द्वार।''

स्वप्न

संध्या अरुण जलज केसर ले अब तक मन थी बहलाती,
मुरझा कर कब गिरा तामरस, उसको खोज कहां पाती!
क्षितिज भाल का कुंकुम मिटता मलिन कालिमा के कर से,
कोकिल की काकली वृथा ही अब कलियों पर मंडराती।

कामायनी-कुसुम वसुधा पर पड़ी, न वह मकरंद रहा,
एक चित्र बस रेखाओं का, अब उसमें है रंग कहां!

वह प्रभात का हीनकला शशि–किरन कहां चांदनी रही,
वह संध्या थी–रवि, शशि, तारा ये सब कोई नहीं जहां।

जहां तामरस इंदीवर या सित शतदल हैं मुरझाये–
अपने नालों पर, वह सरसी श्रद्धा थी, न मधुप आये,
वह जलधर जिसमें चपला या श्यामलता का नाम नहीं,
शिशिर-कला की क्षीण-स्रोत वह जो हिमतल में जम जाये।

एक मौन वेदना विजन की, झिल्ली की झनकार नहीं,
जगती की अस्पष्ट-उपेक्षा, एक कसक साकार रही।
हरित-कुंज की छाया भर–थी वसुधा-आलिंगन करती,
वह छोटी सी विरह-नदी थी जिसका है अब पार नहीं।

नील गगन में उड़ती-उड़ती विहग-बालिका सी किरणें,
स्वप्न-लोक को चलीं थकी सी नींद-सेज पर जा गिरने।
किंतु, विरहिणी के जीवन में एक घड़ी विश्राम नहीं–
बिजली-सी स्मृति चमक उठी तब, लगे अभी तम-घन घिरने।

संध्या नील सरोरुह से जो श्याम पराग बिखरते थे,
शैल-घाटियों के अंचल को वे धीरे से भरते थे।
तृण-गुल्मों से रोमांचित नग सुनते उस दुख की गाथा,
श्रद्धा की सूनी सांसों से मिलकर जो स्वर भरते थे।

"जीवन से सुख अधिक या कि दुख, मंदाकिनी कुछ बोलोगी?
नभ में नखत अधिक, सागर में बुदबुद हैं, गिन दोगी?
प्रतिबिंबित हैं तारा तुम में, सिंधु मिलन को जाती हो,
या दोनों प्रतिबिंब एक के इस रहस्य को खोलोगी!

इस अवकाश-पटी पर जितने चित्र बिगड़ते बनते हैं,
उनमें कितने रंग भरे जो सुरधनु पट से छनते हैं,
किंतु सकल अणु पल में घुल कर व्यापक नील-शून्यता-सा,
जगती का आवरण वेदना का धूमिल-पट बुनते हैं।
दग्ध-श्वास से आह न किनले सजल कुहू में आज यहां!
कितना स्नेह जला कर जलता ऐसा है लघु-दीप कहां?
बुझ न जाय वह सांझ-किरण सी दीप-शिखा इस कुटिया की,
शलभ समीप नहीं तो अच्छा, सुखी अकेले जले यहां!

आज सुनूं केवल चुप होकर, कोकिल जो चाहे कल ले,
पर न परागों की वैसी है चहल-पहल जो थी पहले।
इस पतझड़ की सूनी डाली और प्रतीक्षा का संध्या,
कामायनी! तू हृदय कड़ा कर धीरे-धीरे सब सह ले!

बिरल डालियों के निकुंज सब ले दुःख के निश्वास रहे,
उस स्मृति का समीर चलता है मिलन कथा फिर कौन कहे?
आज विश्व अभिमानी जैसे रूठ रहा अपराध बना,
किन चरणों को धोयेंगे जो अश्रु पलक के पार बहे!

अरे मधुर है कष्ट पूर्ण भी जीवन की बीती घड़ियां-
जब निस्संबल होकर कोई जोड़ रहा बिखरी कड़ियां।
वही एक जो सत्य बना था चिर-सुंदरता में अपनी,
छिपी कहीं, तब कैसे सुलझें उलझी सुख-दुख की लड़ियां!

विस्मृत हों वे बीती बातें, अब जिनमें कुछ सार नहीं,
वह जलती छाती न रही अब वैसा शीतन प्यार नहीं!

सब अतीत में लीन हो चलीं, आशा, मधु-अभिलाषायें,
प्रिय की निष्ठुर विजय हुई, पर यह तो मेरी हार नहीं!

वे आलिंगन एक पाश थे, स्मिति चपला थ, आज कहां?
और मधुर विश्वास! अरे वह पागल मन का मोह रहा,
वंचित जीवन बना समर्पण यह अभिमान अंकिचन का,
कभी दे दिया था कुछ मैंने, ऐसा अब अनुमान रहा।

विनिमय प्राणों का यह कितना भयसंकुल व्यापार अरे!
देना हो जितना दे दे तू, लेना! कोई यह न करे!
परिवर्तन की तुच्छ प्रतीक्षा पूरी कभी न हो सकती,
संध्या रवि देकर पाती है इधर-उधर उडुगन बिखरे!
वे कुछ दिन जो हंसते आये अंतरिक्ष अरुणाचल से
फूलों की भरमार स्वर का कूजन लिये कुहक बल से।
फैल गयी जब स्मिति की माया, किरन-कली की क्रीड़ा से,
चिर-प्रवास में चले गये वे आने को कहकर छल से!

जब शिरीष की मधुर गंध से मान-भरी मधुऋतु रातें,
रूठ चली जातीं रक्तिम-मुख, न सह जागरण की घातें।
दिवस मधुर आलाप कथा-सा कहता छा जाता नभ में
वे जगते-सपने अपने तब तारा बन कर मुस्काते।

वन बालाओं के निकुंज सब भरे वेणु के मधु स्वर से,
लौट चुके ये आने वाले सुन पुकार अपने घर से,
किंतु न आया वह परदेसी—युग छिप गया प्रतीक्षा में,
रजनी की भीगीं पलकों से तुहिन बिंदु कण-कण बरसे!

मानस का स्मृति-शतदल खिलता, झरते बिंदु मरंद घने,
मोती कठिन पारदर्शी ये, इनमें कितने चित्र बने!
आंसू सरल तरल विद्युत्कण, नयनालोक विरह तम में,
प्राण पथिक यह संबल लेकर लगा कल्पना-जग रचने।

अरुण जलज के शोण कोण थे नव तुषार के बिंदु भरे,
मुकुर चूर्ण बन रहे, प्रतिच्छिवि कितनी साथ लिये बिखरे!
वह अनुराग हंसी दुलार की पंक्ति चली सोने तम में,
वर्षा-विरह-कुहू में जलते स्मृति के जुगनू डरे-डरे।

सूने गिरि-पथ में गुंजारित शृंगनाद की ध्वनि चलती,
आकांक्षा लहरी दुख-तटिनी पुलिन अंक में थी ढलती।
जले दीप नभ के, अभिलाषा-शलभ उड़े, उस और चले,
भरा रह गया आंखों मे जल, बुझी न वह ज्वाला जलती।

''मां''–फिर एक किलक दूरागत, गूंज उठी कुटिया सूनी,
मां उठ दौड़ी भरे हृदय में लेकर उत्कंठा दूनी।
लुटरी खुली अलक, रज-धूसर बांहें आकर लिपट गयीं,
निशा-तापसी की जलने की धधक उठी बुझती धूनी!
''कहां रहा नटखट तू फिरता अब तक मेरा भाग्य बना!
अरे पिता के प्रतिनिधि! तूने भी सुख-दुख तो दिया घना,
चंचल तू, बनकर-मृग बन कर भरता है चौकड़ी कहीं,
मैं डरती तू रूठ न जाये करती कैसे तुझे मना!''

''मैं रूठूं मां और मना तू, कितनी अच्छी बात कही!
ले मैं सोता हूं अब जाकर, बोलूंगा मैं आज नहीं,
पके फलों से पेट भरा है नींद नहीं खुलने वाली।''

श्रद्धा चुंबन ले सप्रन्न कुछ-कुछ विषाद से भरी रही।

जल उठते हैं लघु जीवन के मधुर-मधुर वे पल हलके,
मुक्त उदास गगन के उर में छाले बन जा झलके।
दिवा-श्रांत-आलोक-रश्मियां नील-निलय में छिपी कहीं,
करुण वही स्वर फिर उस संसृति में बह जाता है गल के।

प्रणय किरण का कोमल बंधन मुक्ति बना बढ़ता जाता,
दूर, किंतु कितना प्रतिपल वह हृदय समीप हुआ जाता!
मधुर चांदनी-सी तंद्रा जब कैसी मूर्च्छित मानस पर,
तब अभिन्न प्रेमास्पद उसमें अपना चित्र बना जाता।

कामायनी सकल अपना मुख स्वप्न बना-सा देख रही,
युग-युग की वह विकल प्रतारित मिटी हुई बन लेख रही–
जो कुसुमों के कोमल दल से कभी पवन पर अंकित था,
आज पपीहा की पुकार बन–नभ में खिंचती रेख रही।

इड़ा अग्नि ज्वाला-सी आगे जलती है उल्लास भरी,
मनु का पथ आलोकित करती विषाद-नदी में बनी तरी,
उन्नति का आरोहण, महिमा शैल-शृंग सी श्रांति नहीं,
तीव्र प्रेरणा की धारा सी बही वहां उत्साह भरी।

वह सुंदर आलोक किरण सी हृदय भेदिनी दृष्टि लिये,
जिधर देखती–खुल जाते हैं तम ने जो पथ बंद किये।
मनु की सतत सफलता की वह उदय विजयिनी तारा थी,
आश्रम की भूखी जनता ने निज श्रम के उपहार दिये!

मनु का नगर बसा है सुंदर सहयोगी हैं सभी बने,
दृढ़ प्राचीरों में मंदिर के द्वार दिखाई पड़े घने,
वर्षा धूप शिशिर में छाया के साधन संपन्न हुये,
खेतों में हैं कृषक चलाते हल प्रमुदित श्रम-स्वेद सने।

उधर धातु गलते, बनते हैं आभूषण औ, अस्त्र नये,
कहीं साहसी से आते हैं मृगया के उपहार नये,
पुष्पलावियां चुनती है बन-कुसुमों की अध-विकच कली,
गंध चूर्ण था लोध्र कुसुम रज, जुटे नवीन प्रसाधन ये।

घन के आघातों से होती जो प्रचंड ध्वनि कोष भरी,
तो रमणी के मधुर कंठ से हृदय मूर्च्छना उधर ढरी,
अपने वर्ग बना कर श्रम का करते सभी उपाय वहां,
उनकी मिलित-प्रयत्न-प्रथा से पुर की श्री दिखती निखरी।

देश काल का लाघव करते वे प्राणी चंचल से हैं,
सुख-साधन एकत्र कर रहे जो उनके संबल में हैं,
बढ़े ज्ञान-व्यवसाय, परिश्रम बल की विस्तृत छाया में,
नर-प्रयत्न से ऊपर आवे जो कुछ वसुधा तल में हैं,

सृष्टि-बीज अंकुरित, प्रफुल्लित, सफल हो रहा हरा भरा,
प्रलय बीच भी रक्षित मनु से वह फैला उत्साह भरा,
आज स्वचेतन-प्राणी अपनी कुशल कल्पनायें करके,
स्वावलंब की दृढ़ धरणी पर खड़ा, नही अब रहा डरा।

श्रद्धा उस आश्चर्य-लोक में मलय-बालिका-सी चलती,
सिंहद्वार के भीतर पहुंची, खड़े प्रहरियों को छलती,

ऊंचे स्तंभों पर वलभी-युत बने रम्य प्रासाद वहां,
धूप-धूप सुरभित-गृह, जिनमें थी आलोक-शिखा जलती।

स्वर्ण-कलश-शोभित भवनों से लगे हुए उद्यान बने,
ऋजु-प्रशस्त, पथ बीच-बीच में, कहीं लता के कुंज घने,
जिन में दंपति समुद विहरते, प्यार भरे दे गलबाहीं,
गूंज रहे थे मधुप रसीले, मदिरा-मोद पराग सने।

देवदारु के वे प्रलंब भुज, जिनमें उलझी वायु-तरंग,
मुखरित आभूषण से कलरव करते सुंदर बाल-विहंग,
आश्रय देता वेणु-वनों से निकली स्वर-लहरी-ध्वनि को,
नाग-केसरों की क्यारी में अन्य सुमन भी थे बहुरंग!

नव मंडप में सिंहासन सम्मुख कितने ही मंच तहां,
एक ओर रखे हैं सुंदर मढ़े चर्म से सुखद जहां,
आती है शैलेय-अगुरु की धूम-गंध आमोद-भरी,
श्रद्धा सोच रही सपने में 'यह लो मैं आ गयी कहां'!

और सामने देखा उसने निज दृढ़ कर में चषक लिये,
मनु, वह ऋतुमय पुरुष! वही मुख संध्या की लालिमा पिये,
मादक भाव सामने, सुंदर एक चित्र सा कौन यहां,
जिसे देखने को यह जीवन मर-मर कर सौर बार जिये-

इड़ा ढालती थी वह आसव, जिसकी बुझती प्यास नहीं,
तृषित कंठ को, पी-पी कर भी, जिसमें है विश्वास नहीं,
वह-वैश्वानर की ज्वाला-सी-मंच-वेदिका पर बैठी,
सौमनस्य बिखराती शीतल, जड़ता का कुछ भास नहीं।

मनु ने पूछा "और अभी कुछ करने को है शेष यहां?"
बोली इड़ा "सफल इतने में अभी कर्म सविशेष कहां!
क्या सब साधन स्ववश हो चुके?" "नहीं अभी मैं रिक्त रहा–
देख बसाया पर उजड़ा है सूना मानस-देश यहां।

सुंदर मुख, आंखों की आशा, किंतु हुए ये किसके हैं,
एक बांकपन प्रतिपद-शशि का, भरे भाव कुछ रिस के हैं,
कुछ अनुरोध मान-मोचन का करता आंखों में संकेत,
बोल अरी मेरी चेतनते! तू किसकी, ये किसके हैं?"
"प्रजा तुम्हारी, तुम्हें प्रजापति सबका ही गुनती हूं मैं,
वह संदेह-भरा फिर कैसा नया प्रश्न सुनती हूं मैं!"
"प्रजा नहीं, तुम मेरी रानी मुझे न अब भ्रम में डालो,
मधुर मराली! कहो 'प्रणाय के मोती अब चुनती हूं मैं'

मेरा भाग्य-गगन धुंधला-सा, प्राची-पट-सी तुम उसमें,
खुल कर स्वयं अचानक कितनी प्रभापूर्ण हो छवि-यश में!
मैं अतृप्त आलोक-भिखारी ओ प्रकाश-बालिके! बता,
कब डूबेगी प्यास हमारी इन मधु-अधरों के रस में?

"ये सुख-साधन और रुपहली-रातों की शीतल-छाया,
स्वर-संचरित दिशायें, मन है उन्मद और शिथिल काया,
तब तुम प्रजा बनो मत रानी!" नर-पशु कर हुंकार उठा
उधर फैलती मदिर घटा सी अंधकार की घन-माया।

आलिंगन! फिर भय क्रंदन! वसुधा जैसे कांप उठी!
वह अतिचारी, दुर्बल नारी–परित्राण-पथ नाप उठी?

अंतरिक्ष में हुआ रुद्र-हुंकार भयानक हलचल थी,
अरे आत्मजा प्रजा! पाप की परिभाषा बन शाप उठी।

उधर गगन में क्षुब्ध हुई सब देव-शक्तियां क्रोध-भरी,
रुद्र-नयन खुल गया अचानक–व्याकुल कांप रही नगरी,
अतिचारी था स्वयं प्रजापति, देव अभी शिव बने रहें!
नहीं, इसी से चढ़ी शिंजिनी अजगव पर प्रतिशोध भरी।

प्रकृति त्रस्त थी, भूतनाथ ने नृत्य विकंपित-पद अपना–
उधर उठाया, भूत-सृष्टि सब होने जाती थी सपना!
आश्रय पाने को अब व्याकुल, स्वयं कलुप में मनु संदिग्ध,
फिर कुछ होगा, यही समझ कर वसुधा का थर-थर कंपना।

कांप रहे थे प्रलयमयी क्रीड़ा से सब आशंकित जंतु,
अपनी-अपनी पड़ी सभी को, छिन्न स्नेह का कोमल तंतु,
आज कहां वह शासन था जो रक्षा का था भार लिये,
इड़ा क्रोध लज्जा से भर कर बाहर निकल चली थी किंतु।

देखा उसने, जनता व्याकुल राजद्वार कर रुद्ध रही,
प्रहरी के दल भी झुक आये उनके भाव विशुद्ध नहीं,
नियमन एक झुकाव दबा-सा, टूटे या ऊपर उठ जाय!
प्रजा आज कुछ और सोचती अब तक जो अविरुद्ध रही!

कोलाहल में घिर, छिप बैठे, मनु कुछ सोच विचार भरे,
द्वार बंद लखि प्रजा त्रस्त-सी, कैसे मन फिर धैर्य धरे!
शक्ति-तरंगों में आंदोलन, रुद्ध-क्रोध भीषणतम था,
महानील-मोहित-ज्वाला का नृत्य सभी से उधर परे।

वह विज्ञानमयी अभिलाषा, पंख लगाकर उड़ने की,
जीवन की असीम आशायें कभी न नीचे मुड़ने की,
अधिकारों की सृष्टि और उनकी वह मोहमयी माया,
वर्गों की खाई बन फैली कभी नहीं जो जुड़ने की।

असफल मनु कुछ क्षुब्ध हो उठे, आकस्मिक बाधा कैसी–
समझ न पाये कि यह हुआ क्या, प्रजा जुटी क्यों आ ऐसी!
परित्राण प्रार्थना विकल थी देव-क्रोध से बन विद्रोह,
इड़ा रही जब वहां! स्पष्ट ही वह घटना कुचक्र जैसी।

''द्वार बंद कर दो इनको तो अब न यहां आने देना,
प्रकृति आज उत्पात कर रही, मुझको बस सोने देना!''
कह कर यों मनु प्रकट क्रोध में, किंतु डरे-से थे मन में,
शयन-कक्ष में चले सोचते जीवन का लेना-देना।

श्रद्धा कांप उठी सपने में, सहसा उसकी आंख खुली,
यह क्या देखा मैंने? कैसे वह इतना हो गया छली?
स्वजन-स्नेह में भय की कितनी आशंकायें उठ आतीं,
अब क्या होगा, इसी सोच में व्याकुल रजनी बीत चली।

संघर्ष

श्रद्धा का था स्वप्न किंतु वह सत्य बना था,
इड़ा संकुचित उधर प्रजा से क्षोभ घना था।
भौतिक-विप्लव देख विकल वे थे घबराये,
राज-शरण में त्राण प्राप्त करने को आये।

किंतु मिला अपमान और व्यवहार बुरा था,
मनस्ताप से सब के भीतर रोष भरा था।
क्षुब्ध निरखते वदन इड़ा का पीला-पीला,
उधर प्रकृति की रुकी नहीं थी तांडव-लीला।

प्रांगण में थी भीड़ बढ़ रही सब जुड आये,
प्रहरी-गण कर द्वार बंद थे ध्यान लगाये।
रात्रि घनी-कालिमा-पटी में दबी-लुकी-सी,
रह-रह होती प्रगट मेघ की ज्योति झुकी सी।

मनु चिंतित से पड़े शयन पर सोच रहे थे,
क्रोध और शंका के श्वापद नोच रहे थे।
"मैं यह प्रजा बना कर कितना तुष्ट हुआ था,
किंतु कौन कह सकता इन पर रुष्ट हुआ था।"

कितने जव से भर कर इनका चक्र चलाया,
अलग-अलग ये एक हुई पर इनकी छाया।
मैं नियमन के लिए बुद्धि-बल से प्रयत्न कर,
इनको एकत्र, चलाता नियम बना कर।

किंतु स्वयं भी क्या वह साथ कुछ मान चलूं मैं,
तनिक न मैं स्वच्छंद, स्वर्ण सा सदा गलूं मैं!
जो मेरी है सृष्टि उसी से भीत रहूं मैं,
क्या अधिकार नहीं कि कभी अविनीत रहूं मैं?

श्रद्धा का अधिकार समर्पण दे न सका मैं,
प्रतिफल बढ़ता हुआ कब वहां रुका मैं!

इड़ा नियम-परितंत्र चाहती मुझे बनाना,
निर्वाधित अधिकार उसी एक न माना।

विश्व के बंधन विहीन परिर्वतन तो है,
इसकी गति में रवि-शशि-तारे ये सब जो हैं।
रूप बदलते रहते वसुधा जलनिधि बनती,
उदधि बना मरुभूमि जलधि में ज्वाला जलती!

तरल अग्नि की दौड़ लगी है सब के भीतर,
गल कर बहते हिम-नग सरिता-लीला रच कर।
यह स्फुलिंग का नृत्य एक पल आया बीता!
टिकने को कब मिला किसी को यहां सुभीता?

कोटि-कोटि नक्षत्र शून्य के महा-विवर में,
लास रास कर रहे लटकते हुए अधर में।
उठती है पवनों के स्तर में लहरें कितनी,
यह अंसख्य चीत्कार और परवशता इतनी।

यह नर्तन उन्मुक्त विश्व का स्पंदन द्रुततर,
गतिमय होता चला जा रहा अपने लय पर।
कभी-कभी हम वही देखते पुनरार्त्तन,
उसे मानते नियम चल रहा जिससे जीवन।

रुदन हास बन किंतु पलक में छलक रहे हैं,
शत-शत प्राण विमुक्ति खोजते ललक रहे हैं।
जीवन में अभिशाप शाप में ताप भरा है,
इस विनाश में सृष्टि-कुंज हो रहा हरा है।

'विश्व बंधा है एक नियम से' यह पुकार-सी,
फैली गयी है इसके मन में दृढ़ प्रचार-सी।
नियम इन्होंने परख फिर सुख-साधन जाना,
वशी नियामक रहे, न ऐसा मैंने माना।

मैं चिर-बंधन-हीन मृत्यु-सीमा-उल्लंघन-
करता सतत चलूंगा यह मेरा है दृढ़ प्रण।
महानाश की सृष्टि बीच जो क्षण हो अपना,
चेतना की तुष्टि वही है फिर सब सपना।''

प्रगतिशील मन रुका एक क्षण करवट लेकर,
देखा अविचल इड़ा खड़ी फिर सब कुछ देकर!
और कह रही ''किंतु नियामक नियम न माने,
तो फिर सब कुछ नष्ट हुआ सा निश्चय जाने।''

''ऐं तुम फिर भी यहां आज कैसे चल आयी,
क्या कुछ और उपद्रव की है बात समायी-
मन में, यह सब आज हुआ है जो कुछ इतना!
क्या न हुई है तुष्टि? बच रहा है अब कितना?''

''मनु, सब शासन स्वत्त्व तुम्हारा सतत निबाहें,
तुष्टि, चेतना का क्षण अपना अन्य न चाहें!
आह प्रजापति यह न हुआ है, कभी न होगा,
निर्वाधित अधिकार आज तक किसने भोगा?''

यह मनुष्य आकार चेतना का है विकसित,
एक विश्व अपने आवरणों में हैं निर्मित!

चिति-केंद्रों में जो संघर्ष चला करता है,
द्वयता का जो भाव सदा मन में भरता है:-

वे विस्मृत पहचान रहे से एक एक को,
होते सतत समीप मिलते हैं अनेक को।
स्पर्धा में जो उत्तम ठहरें वे रह जावें,
संसृति का कल्याण करें शुभ मार्ग बतावें।

व्यक्ति चेतना इसीलिए परतंत्र बनी-सी,
रागपूर्ण, पर द्वेष-पंक में सतत सनी सी।
नियम मार्ग में पद-पद पर है ठोकर खाती,
अपने लक्ष्य समीप श्रांत हो चलती जाती।

यह जीवन उपयोग, यही है बुद्धि-साधना,
अपना जिसमें श्रेय यही सुख की आराधना।
लोक सुखी हो आश्रय ले यदि उस छाया में,
प्राण सदृश तो रमो राष्ट्र की इस काया में।

देश कल्पना काल परिधि में होती लय है,
काल खोजता महाचेतना में निज क्षय है।
वह अनंत चेतन नचता है उन्मद गति से,
तुम भी नाचों अपनी द्वयता में-विस्मृति में।

क्षितिज पटी को उठा बढ़ो ब्रह्मांड विवर में,
गुंजारित घन नाद सुनो इस विश्व कुहर में।
ताल-ताल पर चलो नहीं लय छूटे जिसमें,
तुम न विवादी स्वर छेड़ो अनजाने इसमें।

"अच्छा! यह तो फिर न तुम्हें समझाना है अब,
तुम कितनी प्रेरणमयी हो जान चुका सब।
किंतु आज ही अभी लौट कर फिर हो आयी,
कैसे यह साहस की मन में बात समायी।

आह प्रजापति होने का अधिकार यही क्या!
अभिलाषा मेरी अपूर्ण ही सदा रहे क्या?
मैं सबको वितरित करता ही सतत रहूं क्या?
कुछ पाने का यह प्रयास है पाप, सहूं क्या?

तुमने भी प्रतिदान दिया कुछ कह सकती हो?
मुझ ज्ञान देकर ही जीवित रह सकती हो?
जो मैं हूं चाहता वही जब मिला नहीं है,
तब लौटा लो व्यर्थ बात जो अभी कही है।"

"इड़े! मुझे वह वस्तु चाहिए जो मैं चाहूं,
तुम पर हा अधिकार, प्रजापति न तो वृथा हूं।
तुम्हें देख कर बंधन ही अब टूट रहा सब,
शासन या अधिकार चाहता हूं न तनिक अब।

देशा यह दुर्धर्ष प्रकृति का इतना कंपन!
मेरे हृदय समक्ष क्षुद्र है इसका स्पंदन!
इस कठोर ने प्रलय खेल है हंस कर खेला!
किंतु आज कितना कोमल हो रहा अकेला?

तुम कहती हो विश्व एक लय है, मैं उसमें,
लीन हो चलूं, किंतु धरा है क्या सुख इसमें।

क्रंदन का निज अलग एक आकाश बना हूं,
उस रोदन में अट्टहास हो तुमको पा लूं।

फिर से जलनिधि उछल बले मर्य्यादा बाहर,
फिर झंझा हो वज्र-प्रगति से भीतर बाहर,
फिर डगमग हो नाव लहर ऊपर से भागे,
रवि-शशि-तारा सावधान हों चौंकें जागें,
किंतु पास ही रहो बालिके! मेरी हो तुम,
मैं हूं कुछ खिलवाड़ नही जो अब खेलो तुम?"

"आह न समझोगे क्या मेरी अच्छी बातें,
तुम उत्तेजित होकर अपना प्राप्य न पाते।
प्रजा क्षुब्ध हो शरण मांगती उधर खड़ी है,
प्रकृति सतत आतंक विकंपित घड़ी-घड़ी है।
सावधान, मैं शुभ कांक्षिणी और कहूं क्या!
कहना था वह चुकी और अब यहां रहूं क्या!"

"मायाविनी, बस पाली तुमने ऐसे छुट्टी,
लड़के जैसे खेलों में कर लेते खुट्टी।
मूर्त्तिमती अभिशाप बनी-सी सम्मुख आयी,
तुमने ही संघर्ष भूमिका मुझे दिखायी।

रुधिर भरी वेदियां, भयकरी उनमें ज्वाला,
विनयन का उपचार तुम्हीं से सीख निकाला।
चार वर्ण बन गये बंटा श्रम उनका अपना,
शस्त्र यंत्र बन चले, न देखा जिनका सपना।
आज शक्ति का खेल खेलने में आतुर नर,

प्रकृति संग संघर्ष निरंतर अब कैसा डर?
बाधा नियमों की न पास में अब आने दो।
इस हताश जीवन में क्षण-सुख मिल जाने दो।
राष्ट्र-स्वामिनी, यह लो सब कुछ वैभव अपना,
केवल तुमको सब उपाय से कह लूं अपना।
यह सारस्वत देश या कि फिर ध्वंस हुआ सा
समझो, तुम हो अग्नि और यह सभी धुआं सा?''

''मैंने जो मनु, किया उसे मत यों कह भूलो,
तुमको जितना मिला उसी में यों मत फूलो।
प्रकृति संग संघर्ष सिखाया तुमको मैंने,
तुमकों केंद्र बनाकर अनहित किया न मैंने!
मैंने इस बिखरी-विभूति पर तुमको स्वामी,
सहज बनाया, तुम अब जिसके अंतर्यामी।
किंतु आज अपराध हमारा अलग खड़ा है,
हां में हां न मिलाऊं तो अपराध बड़ा है।
मनु! देखो यह भ्रांत निशा अब बीत रही है,
प्राची में नव-उषा तमस् की जीत रही है।
अभी समय है मुझ पर कुछ विश्वास करो तो।
बनती है सब बात तनिक तुम धैर्य धरो तो।''

और एक क्षण वह, प्रसाद का फिर से आया,
इधर इड़ा ने द्वार ओर निज पैर बढ़ाया।
किंतु रोक ली गयी भुजाओं से मनु को वह,
निस्सहाय हो दीन-दृष्टि देखती रही वह।

''यह सारस्वत देश तुम्हारा तुम हो रानी।

मुझको अपना अस्त्र बना करती मनमानी।
यह छल चलने में अब पंगु हुआ सा समझो,
मुझको भी अब मुक्त जाल से अपने समझो।

शासन की यह प्रगति सहज ही अभी रूकेगी,
क्योंकि दासता मुझसे अब तो हो न सकेगी।
मैं शासक, मैं चिर स्वतंत्र, तुम पर भी मेरा–
हो अधिकार असीम, सफल हो जीवन मेरा।
छिन्न-भिन्न अन्यथा हुई जाती है पल में,
सकल व्यवस्था अभी जाय डूबती अतल में।
देख रहा हूं वसुधा का अति-भय-से कंपल,
और सुन रहा हूं नभ का यह निर्मम-क्रंदन!
किंतु आज तुम बंदी हो मेरी बांहों में,
मेरी छाती में'',–फिर सब डूबा आहों में!

सिंहद्वार अरराया जनता भीतर आयी,
''मेरी रानी'' उसने जो चीत्कार मचायी।

अपनी दुर्बलता में मनु तब हांफ रहे थे,
स्खलन विकंपित पद वे अब भी कांप रहे थे।
सजग हुए मनु वज्र-खचित ले राजदंड तब,
और पुकारा ''तो सुन लो जो कहता हूं अब।''
''तुम्हें तृप्तिकर सुख के साधन सकल बताया,
मैंने ही श्रम-भाग किया फिर वर्ग बनाया।
अत्याचार प्रकृत-कृत हम सब जो सहते हैं,
करते कुछ प्रतिकार न अब हम चुप रहते हैं!

आज न पशु हैं हम, या गूंगे काननचारी,
यह उपकृति क्या भूल गये तुम आज हमारी!''
न बोले सक्रोध मानसिक भीषण दुख से,
''देखो पाप पुकार उठा अपने ही मुख से!
तुमने योगक्षेम से अधिक संचय वाला।
लोभ सिखा कर इस विचार-संकट में डाला।
हम संवेदनशील हो चले यही मिला सुख,
कष्ट समझने लगे बनाकर निज कृत्रिम दुख!
प्रकृत-शक्ति तुमने यंत्रों से सब की छीनी।
शोषण कर जीवनी बना दी जर्जर झीनी!
और इड़ा पर यह क्या अत्याचार किया है?
इसीलिए तू हम सबके बल यहां जिया है?
आज बंदिनी मेरी रानी इड़ा यहां है?
ओ यायावर? अब तेरा विस्तार कहां है?''

''तो फिर मैं हूं आज अकेला जीवन रण में,
प्रकृति और उसके पुतलों के दल भीषण में।
आज साहसिक का पौरुष निज तन पर लेखें,
राजदंड को वज्र बना सा सचमुच देखें।''
यों कह मनु ने अपना भीषण अस्त्र सम्हाला,
देव 'आग' ने उगली त्योंही अपनी ज्वाला।
छूट चले नाराच धनुष से तीक्ष्ण नुकीले,
टूट रहे नव-धूमकेतु अति नीले-पीले।
अंधड़ था बढ़ रहा, प्रजा दल सा झुंझलाता,
रण वर्षा में शस्त्रों-सा बिजली चमकाता।
किंतु क्रूर मनु वारण करते उन वाणों को,
बढ़े कुचलते हुए खड्ग से जन-प्राणों को।

तांडव मे थी तीव्र प्रगति, परमाणु विकल थे,
नियति विकर्षणमयी, त्रास से सब व्याकुल थे।

मनु फिर रहे अलात-चक्र से उस घन-तम में,
वह रक्तिम-उन्माद नाचता कर निर्मम में।
उठ तुमुल रण-नाद, भयानक हुई अवस्था,
गढ़ा विपक्ष समूह मौन पददलित व्यवस्था।

आहत पीछे हटे, स्तंभ से टिककर मनु ने,
श्वास लिया, टंकार किया दुर्लक्ष्यी धनु ते।
बहते विकट अधीर विषम उंचास-वात थे,
मरण-पर्व था, नेता आकुलि औ'किलात थे।

ललकारा, "बस अब इसको मत जाने देना"
किंतु सजग मनु पहुंच गये वह "लेना लेना"।
"कायर, तुम दोनों ने ही उत्पात मचाया,
अरे, समझकर जिनको अपना था अपनाया"

तो फिर आओ देखो कैसी होती है बलि,
रण यह यज्ञ, पुरोहित ओ! किलात औ'आकुलि।
और धराशायी थे असुर-पुरोहित उस क्षण,
इड़ा अभी कहती जाती थी "बस रोको रण।

भीषण जन-संहार आप ही तो होता है,
ओ पागल प्राणी तू क्यों जीवन खोता है!
क्यों इतना आतंक ठहर जा ओ गर्वीले,
जीने दे सबको फिर तू भी सुख से जी ले।"

किंतु सुन रहा कौन! धधकती वेदी ज्वाला,
सामूहिक बलि का निकला था पंथ निराला।
रक्तोन्मद मनु का न हाथ अब भी रुकता था,
प्रजा-पक्ष का भी न किंतु साहस झुकता था।

वहीं धर्षिता खड़ी इड़ा सारस्वत-रानी,
वे प्रतिशोध अधीर, रक्त बहता बन पानी।
धूमकेतु-सा चला रुद्र-नाराज भयंकर,
लिये पूंछ में ज्वाला अपनी अति प्रलयंकर।

अंतरिक्ष में महाशक्ति हुंकार कर उठी
सब शास्त्रों की धारें भीषण वेग भर उठीं।
और गिरी मनु पर, मुमूर्ष वे गिरे वहीं पर,
रक्त नदी की बाढ़-फैलती थी उस भू पर[1]।

---

1. यह-संघर्ष सर्ग युद्ध के नाम ने पांडुलिपि में अभिहित है। आदि संस्करण (वि. 1993) के मुद्रणादेश के समय परिवर्तित होकर यह इस प्रकार स्थिर हुआ है: जो काव्य के अभिप्राय के समीपतर है। संघर्ष की हेतु रूपिणी व्यापकता सूक्ष्म से स्थूल पर्यन्त है जबकि युद्ध एक परिणाम है-स्थूल व्यवहार की वस्तु है और इस सर्ग का अंतिम दृश्य मात्र है। संघर्ष का हेतु भाव यहां आदि से अंत तक अधिकारी बना है। इड़ा सर्ग की ये पंक्तियां इस प्रसंग में अवलोक्य हैं-

    फिर क्यों न तर्क को शस्त्रों से वे सिद्ध करें क्यों हो न युद्ध
    उनका संघर्ष चला अशांत वे भाव रहे अब तक विरुद्ध

आगामी सर्ग-"निर्वेद" का भी इसी प्रकार नाम परिवर्तन हुआ है-पूर्णतः-पांडुलिपि में, वह संधि-वाचित रहा। संधि टूट सकती है और पुनरपि विग्रह की संभावना रहती है: किन्तु निर्वेद-संघर्ष की एक सर्वथा उपशम-भूमि है।

निर्वेद

वह सारस्वत नगर पड़ा था क्षुब्ध, मलिन, कुछ मौन बना,
जिसके ऊपर विगत कर्म का विष-विषाद-आवरण तना।
उल्का धारी प्रहरी से ग्रह—तारा नभ में टहल रहे,
वसुधा पर यह होता क्या है अणु अणु क्यों हैं मचल रहे?

जीवन में जागरण सत्य है या सुषुप्ति ही सीमा है,
आती है रह पुकार-सी 'यह भव-रजनी भीमा है।'
निशिचारी भीषण विचार के पंख भर रहे सर्राटे,
सरस्वती थी चली जा रही खींच रही-सी सन्नाटे।

अभी घायलों की सिसकी में जाग रही थी मर्म-व्यथा,
पुर-लक्ष्मी खगरव के मिस कुछ कह उठती थी करुण-कथा।
कुछ प्रकाश धूमिल-सा उसके दीपों से था निकल रहा,
पवन चल रहा था रुक-रुक कर खिन्न, भरा अवसाद रहा।
भयमय मौन निरीक्षक-सा था सजग सतत चुपचाप खड़ा,
अंधकार का नील आवरण दृश्य-जगत से रहा बड़ा।
मंडप के सोपान पड़े थे सूने, कोई अन्य नहीं,
स्वयं इड़ा उस पर बैठी थी अग्नि-शिखा-सी धधक रही।

शून्य राज-चिह्नों से मंदिर बस समाधि-सा खड़ा,
क्योंकि वहीं घायल शरीर वह मनु का तो था रहा पड़ा।
इड़ा ग्लानि से भरी हुई बस सोच रही बीती बातें,
घृणा और ममता में ऐसी बीत चुकीं कितनी रातें।

नारी का वह हृदय! हृदय में–सुधा-सिंधु लहरें लेता,
बाड़व-ज्वलन उसी में जलकर कंचन सा जल रंग देता।
मधु-पिंगल उस तरल-अग्नि में शीतलता संसृति रचती,
क्षमा और प्रतिशोध! आह रे दोनों की माया नचती।

''उसने स्नेह किया था मुझसे हां असभ्य वह रहा नहीं,
सहज लब्ध थी वह अनन्यता पड़ी रह सके जहां कहीं।
बाधाओं का अतिक्रमण कर जो अबाध हो दौड़ चले,
वही स्नेह अपराध हो उठा जो सब सीमा तोड़ चले।

''हां अपराध, किंतु वह कितना एक अकेले भीम बना,
जीवन के कोने से उठकर इतना आज असीम बना!
और प्रचुर उपकार सभी वह सहृदयता की सब माया,
शून्य-शून्य था! केवल उसमें खेल रही थी छल छाया!

''कितना दुखी एक परदेशी बन, उस दिन जो आया था,
जिसके नीचे धारा नहीं थी शून्य चतुर्दिक छाया था।
वह शासन का सूत्रधार था नियमन का आधार बना,
अपने निर्मित नव विधान से स्वयं दंड साकार बना।

''सागर की लहरों से उठकर शैल श्रृंग पर सहज चढ़ा,
अप्रतिहत गति, संस्थानों से रहता था जो सदा बढ़ा।
आज पड़ा है वह मुमूर्ष सा वह अतीत सब सपना था,
उसके ही सब हुए पराये सबका ही जो अपना था।

किंतु वही मेरा अपराधी जिसका यह उपकारी था,
प्रकट उसी से दोष हुआ है जो सबको गुणकारी था।

अरे सर्ग-अंकुर के दोनों पल्लव हैं ये भले बुरे,
एक-दूसरे की सीमा है क्यों न युगल को प्यार करें,

"अपना हो या औरों का सुख बढ़ा कि बस दुख बना वहीं,
कौन बिंदु हैं रुक जाने का यह जैसे कुछ ज्ञात नहीं।
प्राणी निज-भविष्य-चिंता में वर्तमान का सुख छोड़े,
दौड़ चला है बिखराता-सा अपने ही पथ में रोड़े।"

इसे दंड देने में बैठी या करती रखवाली मैं,
यह कैसी है विकट पहेली कितनी उलझन वाली मैं?
एक कल्पना है मीठी यह इससे कुछ सुन्दर होगा,
हां कि, वास्तविकता से अच्छी सत्य इसी को वर देगा।"

चौंक उठी अपने विचार से कुछ दुरागत-ध्वनि सुनती,
इस निस्तब्ध-निशा में कोई चली आ रही है कहती-
"अरे बता दो मुझे दया कर कहां प्रवासी है मेरा-
उसी बावले से मिलने को डाल रही हूं मैं फेरा।

रूठ गया था अपनेपन से अपनी सकी न उसको मैं,
वह तो मेरा अपना ही था भला मनाती किसको मैं!
यही भूल अब शूल-सदृश हो साल रही उर में मेरे,
कैसे पाऊंगी उसको मैं कोई आकर कह दे रे!"

इड़ा उठी, दिख पड़ा राजपथ धुंधली-सी छाया चलती,
वाणी में थी करुण-वेदना वह पुकार जैसे जलती।
शिथिल शरीर, वसन विशृंखल कबरी अधिक अधीर खुली,
छिन्नपत्र मकरंद लुटी-सी ज्यों मुरझाई हुई कली।

नव कोमल अवलंब साथ में वय किशोर उंगली पकड़े,
चला जा रहा मौन धैर्य-सा अपनी माता को जकड़े।
थके हुए थे दुखी बटोही वे दोनों ही मां-बेटे,
खोज रहे थे भूले मनु को जो घायल हो कर लेटे।

इड़ा आज कुछ द्रवित हो रही दुखियों को देखा उसने,
पहुंची पास और फिर पूछा "तुमको बिसराया किसने?
इस रजनी में कहां भटकती जाओगी तुम बोलो तो,
बैठो आज अधिक चंचल हूं व्यथा-गांठ निज खोलो तो।

जीवन की लंबी यात्रा में खोये भी हैं मिल जाते,
जीवन है तो कभी मिलन है कट जाती दुख की रातें।"
श्रद्धा रुकी कुमार श्रांत था मिलता है विश्राम यहीं,
चली इड़ा के साथ जहां पर वह्नि शिखा प्रज्वलित रही।

सहसा धधकी वेदी ज्वाला मंडप आलोकित करती,
कामायनी देख पायी कुछ पहुंची उस तक डग भरती।
और वही मनु! घायल सचमुच तो क्या सच्चा स्वप्न रहा?
आह प्राणप्रिय! यह क्या? तुम यों! घुला हृदय, बन नीर बहा।

इड़ा चकित, श्रद्धा आ बैठी वह थी मन को सहलाती,
अनुलेपन-सा मधुर स्पर्श था व्यथा भला क्यों रह जाती?
उस मूर्च्छित नीरवता में कुछ हल्के से स्पंदन आये,
आंखे खुलीं चार कोनों में चार बिंदु आकर छाये।

उधर कुमार देखता ऊंचे मंदिर, मंडप, वेदी को,
यह सब क्या है, नया मनोहर कैसे ये लगते जी को?

मां ने कहा 'अरे आ तू भी देख पिता हैं पड़े हुए',
'पिता! आ गया लो' यह कहते उसके रोयें खड़े हुए।

"मां जल दे, कुछ प्यासे होंगे क्या बैठी कर रही यहां?"
मुखर हो गया सूना मंडप यह सजीवता रही कहां?
आत्मीयता घुली उस घर में छोटा सा परिवार बना,
छाया एक मधुर स्वर उस पर श्रद्धा का संगीत बना।

"तुमुल कोलाहल कलह में
मैं हृदय की बात रे मन!
विकल होकर नित्य चंचल
खोजती जब नींद के पल,
चेतना थक सी रही तब,
मैं वलय की बात रे मन!
चिर-विषाद-विलीन मन की,
इस व्यथा के तिमिर वन की;
मैं उषा-सी ज्योति-रेखा,
कुसुम-विकसित प्रात रे मन!
जहां मरु-ज्वाला धधकती,
चातकी कन को तरसती,
उन्हीं जीवन-घाटियों की,
मैं सरस बरसात रे मन!
पवन की प्राचीर में रुक
जला जीवन जी रहा झुक,
इस झुलसते विश्व-दिन की
मैं कुसुम-ऋतु-रात रे मन!

चिर निराशा नीरधर से,
प्रतिच्छायित अश्रु-सर में,
मधुप-मुखर मरंद-मुकुलित,
मैं सजल जलजात रे मन!"

उस स्वर-लहरी के अक्षर सब संजीवन रस बने धुले,
उधर प्रभात हुआ प्राची में मनु के मुदित नयन खुले।
श्रद्धा का अवलंब मिला फिर कृतज्ञता से हृदय भरे,
मनु उठ बैठे गद्गद होकर बोले कुछ अनुराग भरे।

आंखे प्रिय आंखों में, डूबे अरूण अधर थे रस में
हृदय काल्पनिक-विजय में सुखी चेतनता नस-नस में।
छल-वाणी की वह प्रवंचना हृदयों की शिशुता को,
खेल खिलाती भुलवाती जो जो उस निर्मल विभुता को,
जीवन का उद्देश्य, लक्ष्य की प्रगति दिशा को पल में
अपने मधुर इंगित से बदल सके जो छल में-
वही शक्ति अवलंब मनोहर निज मनु को थी देती,
जो अपने अभिनय से मन को सुख में उलझा लेती।

"श्रद्धा! तू आ गयी भला तो-पर क्या मैं था यहीं पड़ा!"
वही भवन, ये स्तंभ, वेदिका! बिखरी चारों ओर वुणा।
आंख बंद कर लिया क्षोभ से "दूर-दूर से चल मुझको,
इस भयावने अंधकार में खो दूं कहीं न फिर तुझको।

हाथ पकड़ ले, चल सकता हूं-हां कि यही अवलंब मिले,
वह तू कौन? परे हट, श्रद्धे! आ कि हृदय का कुसुम खिले।"

श्रद्धा नीरव सिर सहलाती आंखों में विश्वास भरे,
मानो कहती "तुम मेरे हो अब क्यों कोई वृथा डरे?"

जल पीकर कुछ स्वस्थ हुए से लगे बहुत धीरे कहने,
"ले चल इस छाया के बाहर मुझको दे न यहां रहने।
मुक्त नील नभ के नीचे या कहीं गुहा में रह लेंगे,
अरे झेलता ही आया हूं–जो आवेगा सह लेंगे।"

"ठहरो कुछ तो बल आने दो लिवा चलूंगी तुरत तुम्हें,
इतने क्षण तक" श्रद्धा बोली–"रहने देंगी क्या न हमें?"
इड़ा संकुचित उधर खड़ी थी यह अधिकार न छीन सकी,
श्रद्धा अविचल, मनु अब बोले उनकी वाणी नहीं रुकी।

"जब जीवन में साध भरी थी उच्छृंखल अनुरोध भरा,
अभिलाषायें भरी हृदय में अपनेपन का बोध भरा।
मैं था, सुंदर कुसुमों की वह सघन सुनहली छाया थी,
मलयानिल की लहर उठ रही उल्लासों की माया थी!"

उषा अरुण प्याला भर लाती सुरभित छाया के नीचे
मेरा यौवन पीता सुख से अलसाई आंखे मींचे।
ले मकरंद नया चू पड़ती शरद-प्रात की शेफाली,
बिखराती सुख ही, संध्या की सुंदर अलकें घुंघराली।

सहसा अंधकार की आंधी उठी क्षितिज से वेग भरी,
हलचल से विक्षुब्ध विश्व–थी उद्वेलित मानस लहरी।
व्यथित हृदय उस नीले नभ में छायापथ-सा खुला तभी,
अपनी मंगलमयी मधुर-स्मिति कर दी तुमने देवि! जभी।

दिव्य तुम्हारी अमर अमिट छवि लगी खेलने रंग-रली,
नवल हेम-लेखा सी मेरे हृदय-निकष पर खिंची भली।
अरुणाचल मन मंदिर की हव मुग्ध-माधुरी नव प्रतिमा,
लगी सिखाने स्नेह-मयी सी सुंदरता की मृदु महिमा।

उस दिन तो हम जान सके थे सुंदर किसको हैं कहते!
तब पहचान सके, किसके हित प्राणी यह दुख-सुख सहते।
जीवन कहता यौवन से ''कुछ देखा तूने मतवाले''
यौवन कहता ''सांस लिये चल कुछ अपना संबल पाले!''

हृदय बन रहा था सीपी सा तुम स्वाती की बूंद बनीं,
मानस-शतदल झूम उठा जब तुम उसमें मकरंद बनीं।
तुमने इस सूखे पतझड़ में भर दी हरियाली कितनी,
मैंने समझा मादकता है तृप्ति बन गयी वह इतनी!

विश्व, कि जिसमें दुख की आंधी पीड़ा की लहरी उठती,
जिसमें जीवन मरण बना था बुदबुद की माया नचती।
वही शांत उज्ज्वल मंगल सा दिखता था विश्वास भरा,
वर्षा के कदंब कानन सा सृष्टि-विभव हो उठा हरा।

भगवति! वह पावन मधु-धारा! देख अमृत भी ललचाये,
वही, रम्य सौंदर्य-शैल से जिनमें जीवन धुल जाये।
संध्या अब ले जाती मुझसे ताराओं की अकथ कथा,
नींद सहज ही ले लेती थी सारे श्रम की विकल व्यथा।

सकल कुतूहल और कल्पना उन चरणों से उलझ पड़ी,
कुसुम प्रसन्न हुए हंसते से जीवन की वह धन्य घड़ी।

स्मिति मधुराका थी, श्वासों से पारिजात कानन खिलता,
गति मरंद-मंथर मलयज-सी स्वर में वेणु कहां मिलता!

श्वास-पवन पर चढ़ कर मेरे दूरागत वंश-रव-सी,
गूंज उठीं तुम, विश्व-कुहर में दिव्य-रागिनी-अभिनव-सी!
जीवन-जलनिधि के तल से जो मुक्ता थे वे निकल पड़े,
जग-मंगल-संगीत तुम्हारा गाते मेरे रोम खड़े।

आशा की आलोक-किरन से कुछ मानस से ले मेरे,
लघु जलधर का सृजन हुआ था जिसको शशिलेखा घेरे-
उस पर बिजली की माला-सी झूम पड़ी तुम प्रभा भरी,
और जलद वह रिमझिम बरसा मन-वनस्थली हुई हरी!

तुमने हंस हंस मुझे सिखाया विश्व खेल है खेल चलो,
तुमने मिलकर मुझे बताया सबसे करते मेल चलो।
यह भी अपनी बिजली के से विभ्रम से संकेत किया,
अपना मन है, जिसका चाहा तब इसको दे दान दिया।

तुम अजस्त्र वर्षा सुहाग की और स्नेह की मधु-रजनी,
चिर अतृप्ति जीवन यदि था तो तुम उसमें संतोष बनी।
कितना है उपकार तुम्हारा आश्रित मेरा प्रणय हुआ,
कितना आभारी हूं, इतना संवेदनमय हृदय हुआ।

किंतु अधम मैं समझ न पाया उस मंगल की माया को,
और आज भी पकड़ रहा हूं हर्ष शोक की छाया को।
मेरा सब कुछ क्रोध मोह के उपादान से गठित हुआ,
ऐसा ही अनुभव होता है किरणों ने अब कि न छुआ।

शापित-सा मैं जीवन का यह ले कंकाल भटकता हूं,
उसी खोखलेपन में जैसे कुछ खोजता अटकता हूं।
अंध-तमस् है, किंतु प्रकृति का आकर्षण है खींच रहा,
सब पर, हां अपने पर भी मैं झुंझलाता हूं खीझ रहा।

नहीं पा सका हूं मैं जैसे जो तुम देना चाह रही,
क्षुद्र पात्र! तुम उसमें कितनी मधु-धारा हो ढाल रही।
सब बाहर होता जाता है स्वगत उसे मैं कर न सका,
बुद्धि-तर्क के छिद्र हुए थे हृदय हमारा भर न सका।

यह कुमार—मेरे जीवन का उच्च-अंश, कल्याण-कला।
कितना बड़ा प्रलोभन मेरा हृदय स्नेह बन जहां ढला।
सुखी रहें, सब सुखी रहें बस छोड़ो मुझ अपराधी को,
श्रद्धा देख रही चुप मनु के भीतर उठती आंधी को।

दिन बीता रजनी भी तंद्रा निद्रा संग लिये।
इड़ा कुमार समीप पड़ी थी मन की दबी उमंग लिये।
श्रद्धा भी कुछ खिन्न थकी-सी हाथों का उपधान किये,
पड़ी सोचती मन ही मन कुछ, मनु चुप सब अभिशाप पिये—

सोच रहे थे, "जीवन सुख है? ना, यह विकट पहेली है,
भाग अरे मनु! इंद्रजाल से कितनी व्यथा न झेली है?
यह प्रभात को स्वर्ण किरण-सी झिलमिल चंचल सी छाया,
श्रद्धा को दिखलाऊं कैसे यह मुख या कलुषित काया।

और शत्रु सब, ये कृतघ्न फिर इनका क्या विश्वास करूं,
प्रतिहिंसा प्रतिशोध दबा कर मन ही मन चुपचाप मरूं।

श्रद्धा के रहते यह संभव नहीं कि कुछ कर पाऊंगा,
तो फिर शांति मिलेगी मुझको जहां, खोजता जाऊंगा।''

जगे सभी जब नव प्रभात में देखें तो मनु वहां नहीं,
'पिता कहां' कह खोज रहा सा यह कुमार अब शांत नहीं।
इड़ा आज अपने को सबसे अपराधी है समझ रही,
कामायनी मौन बैठी-सी अपने में ही उलझ रही।

दर्शन

वह चंद्रहीन थी एक रात,
जिसमें सोया था स्वच्छ प्रात;
उजले-उजले तरक झलमल,
प्रतिबिंबित सरिता वक्षस्थल,
धारा बह जाती बिंब अटल,
खुलता था धीरे पवन-पटल,
चुपचाप खड़ी थी वृक्ष पांत,
सुनती जैसे कुछ निजी बात।

धूमिल छायायें रहीं घूम,
लहरी पैरों को रही चूम,
''मां! तू चल आयी दूर इधर,
संध्या कब की चल गयी उधर,
इस निर्जन में अब क्या सुंदर-
तू देख रही, हां बस चल घर
उसमें से उठता गंध-धूम
श्रद्धा ने वह मुख लिया चूम।''

''मां! क्यों तू है इतनी उदास,
क्या मैं हूं तेरे नहीं पास,
तू कई दिनों से यों चुप रह,
क्या सोच रही है? कुछ तो कह,
यह कैसा तेरा दु:ख-दुसह,
जो बाहर-भीतर देता दह,
लेती ढीली सी भरी सांस,
जैसे होती जाती हताश।''

वह बोली ''नील गगन अपार,
जिसमें अवनत घन सजन भार,
आते जाते, सुख, दुख, दिशि, पल,
शिशु सा आता कर खेल अनिल,
फिर झलमल सुंदर तारक दल,
नभ रजनी के जुगुनू अविरल,
यह विश्व अरे कितना उदार,
मेरा गृह रे उन्मुक्त-द्वार।
यह लोचन-गोचर-सकल-लोक,
संसृति के कल्पित हर्ष शोक,
भावोदधि से किरणों के मग,
स्वाती कन से बन भरते जग,
उत्थान-पतनमय सतत सजग,
झरने झरते आलिंगित नग,
उलझन की मीठी रोक टोक,
यह सब उसकी है नोंक झोंक।

जग, जगता आंखें किये लाल,
सोता ओढ़े तम-नींद-जाल,
सुरधनु सा अपना रंग बदल,
मृति, संसृति, नति, उन्नति में ढल,

अपनी सुषमा में यह झलमल,
इस पर खिलता झरता उडुदल,
अवकाश-सरोवर का मराल,
कितना सुंदर कितना विशाल!

इसके स्तर-स्तर में मौन शांति,
शीतल अगाध है, ताप-भ्रांति,
परिवर्तनमय यह चिर-मंगल,
मुस्कराते इसमें भाव सकल,
हंसता है इसमें कोलाहल,
उल्लास भरा सा अंतस्तल,
मेरा निवास अति-मधुर-कांति,
यह एक नीड़ है सुखद शांति।''

''अंबे फिर क्यों इतना विराग,
मुझ पर न हुई क्यों सानुराग?''
पीछे मुड़ श्रद्धा ने देखा,
वह इड़ा मलिन छवि की रेखा,
ज्यों राहुग्रस्त-सी शशि-लेखा,
जिस पर विषाद की विष-रेखा,
कुछ ग्रहण कर रहा दीन त्याग,
सोया जिसका है भाग्य, जाग।

बोली ''तुमसे कैसी विरक्ति,
तुम जीवन की अंधानुरक्ति,
मुझसे बिछुड़े को अवलंबन,
देकर, तुमने रखा जीवन,
तुम आशामयी! चिर आकर्षण,
तुम मादकता की अवनत घन,

मनु के मस्तक की चिर-अतृप्ति,
तुम उत्तेजित चंचला-शक्ति!

मैं क्या दे सकती तुम्हें मोल,
यह हृदय! अरे दो मधुर बोल,
मैं हंसती हूं रो लेती हूं,
मैं पाती हूं खो देती हूं,
इससे ले उसको देती हूं,
मैं दुख को सुख कर लेती हूं,
अनुराग भरी हूं मधुर घोल,
चिर-विस्मृति-सी हूं रही डोल।

यह प्रभापूर्ण तव मुख निहार,
मनु हत-चेतन थे एक बार;
नारी माया-ममता का बल,
वह शक्तिमयी छाया शीतल,
फिर कौन क्षमा कर दे निश्छल,
जिससे यह धन्य बने भूतल,
'तुम क्षमा करोगी' यह विचार,
"मैं छोड़ूं कैसे साधिकार।"

"अब मैं रह सकती नहीं मौन
अपराधी किन्तु यहां न कौन?
सुख-दुख जीवन में सब सहते,
पर केवल सुख अपना कहते,
अधिकार न सीमा में रहते,
पावस-निर्झर-से वे बहते,
रोके फिर उनको भला कौन?
सबको वे कहते-'शत्रु हो न!'

अग्रसर हो रही यहां फूट,
सीमायें कृत्रिम रहीं टूट,
श्रम-भाग वर्ग बन गया जिन्हें,
अपने बल का है गर्व उन्हें,
नियमों की करनी सृष्टि जिन्हें,
विप्लव की करनी वृष्टि उन्हें,
सब पिये मत्त लालसा घूंट,
मेरा साहस अब गया छूट।

मैं जनपद-कल्याणी प्रसिद्ध,
अब अवनति कारण हूं निषिद्ध,
मेरे सुविभाजन हुए विषम,
टूटते, नित्य बन रहे नियम,
नाना केन्द्रों मे जलधर-सम,
घिर हट, बरसे ये उपलोपम।
यह ज्वाला इतनी है समिद्ध,
आहुति बस चाह रही समृद्ध।

तो क्या मैं भ्रम में थी नितांत,
संहार-बध्य असहाय दांत,
प्राणी विनाश-मुख में अविरल,"
चुपचाप चलें होकर निर्बल!
संघर्ष कर्म का मिथ्या बल,
ये शक्ति-चिह्न, ये यज्ञ विफल,
भय की उपासना! प्रणति भ्रांत!
अनुशासन की छाया अशांत!

तिस पर मैंने छीना सुहाग,
हे देवि! तुम्हारा दिव्व-राग,

मैं आता अकिंचन पाती हूं,
अपने को नहीं सुहाती हूं,
मैं जो कुछ भी स्वर गाती हूं,
वह स्वयं नहीं सुन पाती हूं,
दो क्षमा, न दो अपना विराग,
सोयी चेतनता उठे जाग।''

''है रुद्र-रोष अब तक अशांत'',
श्रद्धा बोली, ''बन विषम ध्वांत!
सिर चढ़ी रही! पाया न हृदय,
तू विकल कर रही है अभिनय,
अपनापन चेतन का सुखमय,
खो गया, नहीं आलोक उदय,
सब अपने पथ पर चलें श्रांत,
प्रत्येक विभाजन बना भ्रांत।''

जीवन धारा सुन्दर प्रवाह,
सत्, सतत, प्रकाश सुखद अथाह,
ओ तर्कमयी! तू गिने लहर,
प्रतिबिंबित तारा पकड़, ठहर,
तू रुक-रुक देखे आठ पहर,
वह जड़ता की स्थिति, भूल न कर,
सुख-दुख का मधुमय धूप-छांह,
तूने छोड़ी यह सरल राह।

चेतनता का भौतिक विभाग-
कर, जग को बांट दिया विराग,
चिति का स्वरूप यह नित्य-जगत,
वह रूप बदलता है शत-शत,

कण विरह-मिलन-मय नृत्य-निरत
उल्लासपूर्ण आनंद सतत
तल्लीन-पूर्ण है एक राग,
झंकृत है केवल 'जाग जाग!'

मैं लोक-अग्नि में तप नितांत,
आहुति प्रसन्न देती प्रशांत,
तू क्षमा कर कुछ चाह रही,
जलती छाती की दाह रही,
तो ले ले जो निधि पास रही,
मुझको बस अपनी राह रही,
रह सौम्य! यहीं, हो सुखद प्रांत,
विनिमय कर दे कर कर्म कांत।

तुम दोनों देखो राष्ट्र-नीति,
शासक बन फैलाओ न भीति,
मैं अपने मनु को खोज चली,
सरिता, मरु, नग या कुंज-गली,
वह भोला इतना नहीं छली!
मिल जायेगा, हूं प्रेम-पली,
तब देखूं कैसी चली रीति,
मानव! तेरी ही सुयश गीति।"

बोला बालक "ममता न तोड़,
जननी! मुझसे मुंह यों न मोड़,
तेरी आज्ञा का कर पालन,
वह स्नेह सदा करता लालन-
मैं मरूं जिऊं पर छुटे न प्रन,
वरदान बने मेरा जीवन!

जो मुझको तू यों चली छोड़,
तो मुझे मिले फिर यही क्रोड़!"

"हे सौम्य! इड़ा का शुचि दुलार
हर लेगा तेरा व्यथा-भार,
यह तर्कमयी तू श्रद्धामय,
तू मननशील कर कर्म अभय,
इसका तू सब संताप निश्चय,
हर ले, ही मानव भाग्य उदय,
सब की समरसता कर प्रचार,
मेरे सुत! सुन मां की पुकार।"

"अति मधुर वचन विश्वास मूल,
मुझको न कभी ये जाएं भूल;
हे देवि! तुम्हारा स्नेह प्रबल,
वन दिव्य श्रेय-उद्गम अविरल,
आकर्षण घन-सा वितरे जल,
निर्वासित हों संताप सकल!"
कह इड़ा प्रणत ले चरण धूल,
पकड़ा कुमार-कर मृदुल फूल।

वे तीनों ही क्षण, एक मौन-
विस्मृत से थे, हम कहां कौन!
विच्छेद बाह्य, था आलिंगन-
वह हृदयों का, अति मधुर-मिलन,
मिलते आहत होकर जलकन,
लहरों का यह परिणत जीवन,
दो लौट चले पुर ओर मौन,
जब दूर हुए तब रहे दो न।

निस्तब्ध गगन था, दिशा शांत,
वह था असीम का चित्र कांत।
कुछ शून्य बिंदु उर के ऊपर,
व्यथिता रजनी के श्रमसीकर,
झलके कब से पर पड़े न झर,
गंभीर मलिन छाया भू पर,
सरिता तट तरु का क्षितिज प्रांत,
केवल बिखेरता दीन ध्वांत।

शत-शत तारा मंडित अनंत,
कुसुमों का स्तबक खिला वसंत,
हंसता ऊपर का विश्व मधुर,
हलके प्रकाश से पूरित उर,
बहती माया सरिता ऊपर,
उठती किरणों की लोल लहर,
निचले स्तर पर छाया दुरंत,
आती चुपके, जाती तुरन्त।

सरिता का वह एकांत कूल,
था पवल हिंडोले रहा झूल,
धीरे-धीरे लहरों का दल,
तट से टकरा होता ओझल,
छप छप का होता शब्द विरल,
थर-थर कंप रहती दीप्ति तरल,
संसृति अपने में रही भूल,
वह गंध-विधुर अम्लान फूल।

तब सरस्वती-सा फेंक सांस,
श्रद्धा ने देखा आस-पास,

थे चमक रहे दो खुले नयन,
ज्यों शिलालग्न अनगढ़े रतन,
वह क्या तम में करता सनसन?
धारा का ही क्या यह निस्वन!
ना, गुहा लतावृत एक पास,
कोई जीवित ले रहा सांस!

वह निर्जन तट था एक चित्र,
कितना सुंदर, कितना पवित्र?
कुछ उन्नत थे वे शैलशिखर,
फिर भी ऊंचा श्रद्धा का सिर,
वह लोक-अग्नि में तप गल कर,
थी ढली स्वर्ण-प्रतिमा बन कर,
मनु ने देखा कितना विचित्र!
वह मातृ-मूर्ति थी विश्व-मित्र।

बोले "रमणी तुम नहीं आह!
जिसके मन में हो भरी चाह,
तुमने अपना सब कुछ खोकर,
वंचिते! जिसे पाया रोकर,
मैं भगा प्राण जिनसे लेकर,
उसको भी, उन सबको देकर,
निर्दय मन क्या न उठा कराह?
अद्भुत है तब मन का प्रवाह!

ये श्वापद से हिंसक अधीर,
कोमल शावक वह बाल वीर,
सुनता था वह वाणी शीतल,
कितना दुलार कितना निर्मल!

कैसा कठोर है तब हृतल!
वह इड़ा कर गयी फिर भी छल,
तुम बनी रही हो अभी धीर,
छूट गया हाथ से आह तीर।"

"प्रिय! अब तक हो इतने सशंक,
देकर कुछ कोई नहीं रंक,
यह विनिमय है या परिवर्तन,
बन रहा तुम्हारा ऋण अब धन,
अपराध तुम्हारा वह बंधन–
लो बना मुक्ति, अब छोड़ स्वजन–
निर्वासित तुम, क्यों लगे डंक?
दो लो प्रसन्न, यह स्पष्ट अंक।"

"तुम देवि! आह कितनी उदार,
यह मातृमूर्ति निर्विकार,
हे सर्वमंगले! तुम महती,
सबका दुख अपने पर सहती,
कल्याणमयी वाणी कहती,
तुम क्षमा निलय में हो रहती,
मैं भूला हूं तुमको निहार–
नारी सा ही, वह लघु विचार।

मैं इस निर्जन तट में अधीर,
सह भूखा व्यथा तीखा समीर,
हां भावचक्र में पिस पिस कर,
चलता ही आया हूं बढ़ कर,
इनके विकार सा ही बन कर,
मैं शून्य बना सत्ता खोकर,

लघुता मत देखो वक्ष चीर,
जिसमें अनुशय बन घुसा तीर।''

''प्रियतम! यह नत निस्तब्ध रात,
है स्मरण कराती विगत बात,
वह प्रलय शांति वह कोलाहल,
जब अर्पित कर जीवन संबल,
मैं हुई तुम्हारी थी निश्छल,
क्या भूलूं मैं, इतनी दुर्बल?
तब चलो जहां पर शांति प्रात,
मैं नित्य तुम्हारी, सत्य बात।

इस देव-द्वंद्व का वह प्रतीक-
मानव! कर ले सब भूल ठीक,
यह विष जो फैला महा-विषम,
निज कर्मोन्नति से करते सम,
सब मुक्त बनें, काटेंगे भ्रम,
उनका रहस्य हो शुभ-संयम,
गिर जायेगा जो है अलीक,
चल कर मिटती है बड़ी लीक।''

वह शून्य असत या अंधकार,
अवकाश पटल का वार पार,
बाहर भीतर उन्मुक्त सघन,
था अचल महा नीला अंजन,
भूमिका बनी वह स्निग्ध मलिन,
थे निर्निमेष मनु के लोचन,
इतना अनंत था शून्य-सार,
दीखता न जिसके परे पार।

सत्ता का स्पंदन चला डोल,
आवरण पटल की ग्रंथि खोल,
तम जलनिधि का बन मधुमंथन,
ज्योत्स्ना सरिता का आलिंगन,
वह रजत गौर, उज्ज्वल जीवन,
आलोक पुरुष! मंगल चेतन!
केवल प्रकाश का था कलोल,
मधु किरणों की थी लहर लोल।

बन गया था तमस था अलक जाल,
सर्वांग ज्योतिमय था विशाल,
अंतर्निनाद ध्वनि से पूरित,
थी शून्य-भेदिनी-सत्ता चित्,
नटराज स्वयं थे नृत्य-निरत,
था अंतरिक्ष प्रहसित मुखरित,
स्वर लय होकर दे रहे ताल,
थे लुप्त हो रहे दिशाकाल।

लीला का स्पंदित आह्लाद,
वह प्रभा-पुंज चितिमय प्रसाद,
आनंद पूर्ण तांडव सुंदर,
झरते थे उज्ज्वल श्रम सीकर,
बनते तारा, हिमकर, दिनकर,
उड़ रहे धूलिकण-से भूधर,
संहार सृजन से युगल पाद-
गतिशील, अनाहत हुआ नाद।

बिखरे असंख्य ब्रह्मांड गोल,
युग त्याग ग्रहण कर रहे तोल,

विद्युत् कटाक्ष चल गया जिधर,
कंपित संसृति बन रही उधर,
चेतन परमाणु अनंत बिखर,
बनते विलीन होते क्षण-भर;
यह विश्व झूलता रहा महा दोल,
परिवर्तन का पट रहा खोल।

उस शक्ति-शरीरी का प्रकाश,
सब शाप पाप कर विनाश-
नर्तन में निरत, प्रकृति गल कर,
उस कांति सिंधु में घुल-मिलकर,
अपना स्वरूप धरती सुंदर,
कमनीय बना था भीषणतर,
हीरक-गिरि पर विद्युत-विलास,
उल्लसित महा हिम धवल हास।

देखा मनु ने नर्त्तित नटेश,
हत चेत पुकार उठे विशेष-
"यह क्या! श्रद्धे! बस तू ले चल,
उन चरणों तक, दे निज संबल,
सब पाप पुण्य जिसमें जल-जल
पावन बन जाते हैं निर्मल,
मिटते असत्य-से ज्ञान-लेश,
समरस, अखंड, आनंद-वेश!

रहस्य

उर्ध्वदेश उस नील तमस में स्तब्ध हो रह रही अचल हिमानी,
पथ थक कर हैं लीन, चतुर्दिक देख रहा वह गिरी अभिमानी।
दोनों पथिक चले हैं कब से ऊंचे ऊंचे चढ़ते चढ़ते,
श्रद्धा आगे मनु पीछे थे, साहस उत्साही से बढ़ते।

पवन वेग प्रतिकूल उधर था कहता, 'फिर आ अरे बटोही!'
किधर चला तू मुझे भेद कर! प्राणों के प्रति क्यों निर्मोही?
छूने को अंबर मचली सी बढ़ी जा रही सतत ऊंचाई;
विक्षत उसके अंग, प्रगट थे भीषण खड्ड भयकरी खाई।

रविकर हिम खंडों पर पड़ कर हिमकर कितने नये बनाता,
द्रुततर चक्कर काट पवन भी फिर से वहीं लौट आ जाता।
नीचे जलधर दौड़ रहे थे सुंदर सुर-धनु माला पहने,
कुंजर-कलभ सदृश इठलाते चमकाते चपला के गहने।

प्रवहमान थे निम्न देश में शीतल शत-शत निर्झर ऐसे,
महाश्वेत गजराज गंड से बिखरी मधु धारायें जैसे।
हरियाली जिनकी उभरी, वे समतल चित्रपटी से लगते,
प्रतिकृतियों के बाह्य रेख-से स्थिर, नद जो प्रति पल थे भगते।

लघुतम वे सब जो वसुधा पर ऊपर महाशून्य का घेरा,
ऊंचे चढ़ने की रजनी का यहां हुआ जा रहा सवेरा।

"कहां ले चली हो अब मुझको श्रद्धे! मैं थक चला अधिक हूं,
साहस छूट गया है मेरा निस्संबल भग्नाश पथिक हूं,
लौट चलो, इस बात चक्र से मैं दुर्बल अब लड़ न सकूंगा,
श्वास रुद्ध करने वाले इस शीत पवन से अड़ न सकूंगा।
मेरे, हां वे सब मेरे थे जिन से रूठ चला आया हूं,
वे नीचे छूटे सुदूर, पर भूल नहीं उनको पाया हूं।"

वह विश्वास भरी स्मिति निश्छल श्रद्धा-मुख पर झलक उठी थी,
सेवा कर-पल्लव में उसके कुछ करने को ललक उठी थी।
दे अवलंब, विकल साथी को कामायनी मधुर स्वर में बोली,
"हम बढ़ दूर निकल आये अब करने का अवसर न ठिठोली।
दिशा-विकंपित, पल असीम है यह अनंत सा कुछ ऊपर है,
अनुभव करते हो, बोलो क्या पदतल में, सचमुच भूधर है?

निराधार हैं किंतु ठहरना हम दोनों को आज यहीं है,
नियति खेल देखूं न, सुनो अब इसका अन्य कोई उपाय नहीं है।

झांई लगती जो, वह तुमको ऊपर उठने को है कहती,
इस प्रतिकूल पवन धक्के को झोंक दूसरी ही आ सहती।
श्रांत पक्ष, कर नेत्र बंद बस विहग-युगल से आज हम सहें,
शून्य पवन बन पंख हमारे हमको दे आधार, जम रहें।

घबराओ मत! यह समतल है देखो तो, हम कहां आ गये''
मनु ने देखा आंख खोल कर जैसे कुछ-कुछ त्राण पा गये।
ऊष्मा का अभिनव अनुभव था ग्रह, तारा, नक्षत्र अस्त थे,
विदा-रात्रि के संधि काल में ये सब कोई नहीं व्यस्त थे।

ऋतुओं के स्तर हुये तिरोहित भू-मंडल-रेखा विलीन सी,
निराधार उस महादेश में उदित सचेतनता नवीन-सी।
त्रिदिक विश्व, आलोक बिंदु भी तीन दिखाई पड़े अलग वे,
त्रिभुवन के प्रतिनिधि थे मानो वे अनमिल थे किंतु सजग थे।
मनु ने पूछा, 'कौन नये ग्रह ये हैं, श्रद्धे! मुझे बताओ?
मैं किस लोक बीच पहुंचा, इस इंद्रजाल से मुझे बचाओ।''

''इह त्रिकोण के मध्य बिंदू तुम शक्ति विपुल क्षमतावाले ये,
एक एक को स्थिर हो देखो इच्छा, ज्ञान, क्रिया वाले ये।
वह देखो रागारुण है जो ऊषा के कंदुक सा सुंदर,
छायामय कमनीय कलेवर भाव-मयी प्रतिमा का मंदिर।

शब्द, स्पर्श, रस, रूप, गंध की पारदर्शिनी सुघड़ पुतलियां,
चारों ओर नृत्य करतीं ज्यों रूपवती रंगीन पुतलियां!
इस कुसुमाकर के कानन के अरुण पराग पटल छाया में,
इठलातीं सोतीं जगतीं ये अपनी भव-भरी छाया में।
वह संगीतात्मक ध्वनि इनकी कोमल अंगड़ाई है लेती,
मादकता की लहर उठाकर अपना अंबर तर कर देती।

आलिंगन-सी मधुर प्रेरणा छू लेती, फिर सिहरन बनती,
नव-अंबुलषा की व्रीड़ा-सी खुल जाती है, फिर जा मुंदती।

यह जीवन की मध्य-भूमि है रस-धारा से सिंचित होती,
मधुर लालसा की लहरों से यह प्रवाहिका स्पंदित होती।
जिसके तट पर विद्यूत-कण से मनोहारिणी आकृति वाले,
छायामय सुषमा में विह्वल विचर रहे सुंदर मतवाले।

सुमन-संकुलित भूमि-रंध्र से मधुर गंध उठती रस-भीनी,
वाष्प अदृश्य फुहारें इसमें छूट रहे, रस-बूंदे झीनी।
घूम रही है यहां चर्तुदिक् चलचित्रों सी संसृति छाया,
जिस आलोक-विंदु को घेरे वह बैठी मुसक्याती माया।

भाव-चक्र यह चला रही है इच्छा की रथ-नाभि घूमती,
नवरस-भरी अराएं अविरल चक्रवाल को चकित चूमतीं।
यहां मनोमय विश्व कर रहा रागारुण चेतन उपासना,
माया-राज्य! यही परिपाटी पाश बिछा कर जीव फांसनां

ये अशरीरी रूप, सुमन से केवल वर्ण गंध में फूले,
इन अप्सरियों की तानों के मचल रहे हैं सुंदर झूले।
भाव-भूमिका इसी लोक की जननी है सब पुण्य-पाप की,
ढ़लते सब, स्वभाव प्रतिकृति बन गल ज्वाला से मधुर ताप की।

नियममयी उलझन लतिका का भाव विटपि से आकर मिलना,
जीवन-वन की बनी समस्या आशा नभकुसुमों का खिलना।
चिर-वसंत का यह उद्गम है पतझर होता एक ओर है,
अमृत हलाहल यहां मिल हैं सुख दुख बंधते, एक डोर है।''

''सुंदर यह तुमने कर दिखलाया किंतु कौन वह श्याम देश है?
कामायनी! बताओ उसमें क्या रहस्य रहता विशेष है।''

"मनु यह श्यामल कर्म लोक है धुंधला कुछ-कुछ अंधकार सा,
सघन हो रहा अविज्ञात यह देश मलिन है धूम-धार-सा।
कर्म-चक्र-सा घूम रहा है यह गोलक, बन नियति-प्रेरणा,
सब के पीछे लगी हुई है कोई व्याकुल नयी एषणा।

श्रममय कोलाहल, पीड़नमय विकल प्रवर्त्तन महायंत्र का
क्षण भर भी विश्राम नहीं है प्राण दास हैं क्रिया-तंत्र का
भाव-राज्य के सकल मानसिक सुख यों दुख में बदल रहे हैं
हिंसा गर्वोन्नत हारों में ये अकड़े अणु टहल रहे हैं।

ये भौतिक सदेह कुछ करके जीवित रहना यहां चाहते,
भाव-राष्ट्र के नियम यहां पर दंड बने हैं, सब कराहते।
करते है, संतोष नहीं है जैसे कशाघात-प्रेरित से-
प्रति क्षण करते ही जाते हैं भीति-विवश ये सब कंपित से।

नियति चलाती कर्म-चक्र यह तृष्णा-जनित ममत्व-वासना,
पाणि-पावमय पंचभूत की यहां हो रही है उपासना।
यहां सतत संघर्ष विफलता कोलाहल का यहां राज है,
अंधकार में दौड़ लग रही मतवाला यह सब समाज है।

स्थूल हो रहे रूप बना कर कर्मों की भीषण परिणति है,
आंकाक्षा की तीव्र पिपासा! ममता की यह निर्मम गति है।
यहां शासनादेश घोषणा विजयों की हुंकार सुनाती,
यहां भूख से विकल दलित को पदतल में फिर फिर गिरवाती।

यहां लिये दायित्व कर्म का उन्नति करने के मतवाले,
जल-जला कर फूट पड़ रहे ढुल कर बहने वाले छाले।
यहां राशिकृत विपुल विभव सब मरीचिका-से दीख पड़ रहे,
भाग्यवान बन क्षणिक भोग के वे विलीन, ये पुनः गड़ रहे।

बड़ी लालसा यहां सुयश की अपराधों की स्वीकृति बनती,

अंध प्रेरणा से परिचालित कर्त्ता में करते निज गिनती।
प्राण तत्व की सघन साधना जल, हिम उपल यहां है बनता,
प्यासे घायल हो जल जाते मर-मर कर जीते ही बनता।
यहां नील-लोहित ज्वाला कुछ जला-गला कर नित्य ढालती,
चोट सहन कर रुकने वाली धातु, न जिसको मृत्यु सालती।
वर्षा के घन नाद कर रहे तट-कूलों को सहज गिराती,
प्लावित करती वन कुंजों को लक्ष्य प्राप्ति सरिता बह जाती।''

''बस! अब और न इसे दिखा तू यह अति भीषण कर्म जगत है,
श्रद्धे! वह उज्जवल कैसा है जैसे पूंजीभूत रजत है।''

''प्रियतम! यह तो ज्ञान-क्षेत्र है, सुख दुख से है उदासीनता,
यहां न्याय निर्मम, चलता है बुद्धि-चक्र, जिसमें न दीनता।
आस्ति-नास्ति का भेद, निरंकुश करते ये अणु तर्क-युक्ति से,
ये निस्संग, किंतु कर लेते कुछ संबंध-विधान मुक्ति से।

यहां प्राप्य मिलता है केवल तृप्ति नहीं, कर भेद बांटती,
बुद्धि, विभूति सकल सिकता-सी प्यास लगी है ओस चाटती।
न्याय, तपस्, ऐश्वर्य में पगे ये प्राणी चमकीले लगते,
इस निदाघ मरु में, सूखे से स्त्रोतों के तट जैसे जगते।

मनोभाव से काय-कर्म क समतोलन में दत्तचित्त से,
ये निस्पृह न्यायासन वाले चूक न सकते तनिक चित्त से!
अपना परिमित पात्र लिये ये बूंद-बूंद वाले निर्झर से,
मांग रहे हैं जीवन का रस बैठ यहां पर अजर-अमर-से।

यहां विभाजन धर्म-तुला का अधिकारों की व्याख्या करता,
यह निरीह, पर कुछ पाकर ही अपनी ढीली सांसे भरता।
उत्तमता इनका निजस्व है अंबुज वाले सर सा देखो,
जीवन-मधु एकत्र कर रही उन ममाखियों सा बस लेखो।
यहां शरद की धवल ज्योत्सना अंधकार को भेद निखरती,

यह अनवस्था, युगल मिले से विकल व्यवयथा सदा बिखरती।
देखो वे सब सौम्य बने हैं किंतु संशकित हैं दोषों से,
वे संकेत दंभ के चलते भ्रू-चालन मिस परितोषों से।

यहां अछूत रहा जीवन रस छूओ मत, संचित होने दो,
बस इतना ही भाग तुम्हारा तृषा! मृषा, वंचित होने दो।
सामंजस्य चले करने ये किंतु विषमता फैलाते हैं,
मूल-स्वत्व कुछ और बताते इच्छाओं को झुठलाते हैं।

स्वयं व्यस्त पर शांत बने-से शास्त्र शस्त्र-रक्षा में पलते,
ये विज्ञान भरे अनुशासन क्षण क्षण परिवर्तन में ढलते।
यही त्रिपुर है देखा तुमने तीन बिंदु ज्योर्तिमय इतने,
ज्ञान दूर कुछ, क्रिया भिन्न है इच्छा क्यों पूरी हो मन की,
एक दूसरे से न मिल सके यह विडंबना है जीवन की।''

महाज्योति-रेखा सी बनकर श्रद्धा की स्मिति दौड़ी उनमें,
वे संबद्ध हुए फिर सहसा जाग उठी थी ज्वाला जिनमें।
नीचे ऊपर लचकीली वह विषम वायु में धधक रही सी,
महाशून्य में ज्वाल सुनहली सब को कहती 'नहीं नहीं' सी।
शक्ति तरंग प्रलय-पावक का उस त्रिकोण में निखर-उठा सा,
श्रृंग और डमरू निनाद बस सकल-विश्व में बिखर उठा-सा,
चितिमय चिता धधकती अविरल महाकाल का विषय नृत्य था,
विश्व रंध्र ज्वाला से भरकर करता अपना विषम कृत्य था।

स्वप्न, स्वाप, जागरण भस्म हो इच्छा क्रिया ज्ञान मिल लय थे,
दिव्य अनाहत पर-निनाद में श्रद्धायुक्त मनु बस तन्मय थे।

आनंद

चलता था धीरे धीरे वह एक यात्रियों का दल,
सरिता के रम्य पुलिन में गिरीपथ से, ले निज सबल।
था सोम लता से आवृत वृष धवल, धर्म का प्रतिनिधि,
घंटा बजता तालों में थी उसकी थी मंथर गति-विधि।

वृष-रज्जु वाम कर में था दक्षिण त्रिशूल से शोभित,
मानव था साथ उसी के मुख पर था तेज अपरिमित।
केहरि-किशोर से अभिनव अवयव प्रस्फुटित हुए थे,
यौवन गंभीर हुआ था जिसमें कुछ भाव नये थे।
चल रही इड़ा भी वृष के दूसरे पार्श्व में नीरज,
गैरिक-वसना संध्या सी जिसके चुप थे सब कलरव।
उल्लास रहा युवकों का शिशु गण का था मृदु कलकल,
महिला-मंगल-गानों से मुखरित था वह यात्री दल।
चमरों पर बोझ लदे थे वे चलते थे मिल अविरल,
कुछ शिशु भी बैठ उन्हीं पर अपने ही बने कुतूहल।
माताएं पकड़े उनको बातें थी करती जाती,
'हम कहां चल रहे यह सब उनकी विधिवत समझातीं।
कह रहा था एक "तू तो कब से ही सुना रही है–
अब आ पहुंची लो देखो आगे वह भूमि यही है।
पर बढ़ती ही चलती है रुकने का नाम नहीं है,
वह तीर्थ कहां है कह तो जिसके हित दौड़ रही है।"

"वह अगला समतल जिस पर है देवदारु का कानन,
घन अपनी प्याली भरते ले जिसके दल से हिमकन।
हां इसी ढालवें को जब बस सहज उतर जावें हम,
फिर सम्मुख तीर्थ मिलेगा वह अति उज्जवल पावनतम।"
वह इड़ा समीप पहुंच कर बोला उसको रुकने को,
बालक था, मचल गया था कुछ और कथा सुनने को।
वह अपलक लोचन अपने पादाग्र विलोकन करती,
पथ-प्रदर्शिका-सी चलती धीरे-धीरे डग भरती।
बोली–"हम जहां चले हैं वह है जगती का पावन–
साधना प्रदेश किसी का शीतल अति शांत तपोवन।"

"सुनती हूं एक मनस्वी था वहां एक दिन आया,
वह जगती की ज्वाला से अति-विकल रहा झुलसाया।
उसकी वह जलन भयानक फैली गिरी अंचल में फिर,
दावाग्नि प्रखर लपटों ने कर दिया सघन वन अस्थिर।

थी अर्धांगिनी उसी की जो उसे खोजती आयी,
यह दशा देख, करुणा की–वर्षा दृग में भर लायी।
वरदान बने फिर उसके आसूं, करते जग-मंगल,
सब ताप शांत होकर, वन हो गया हरित, सुख–शीतल।
गिरि–निर्झर चले उछलते छायी फिर से हरियाली,
सूखे तरु कुछ मुलक्याये फूटी पल्लव में लाली।
वे युगल यहीं अब बैठे संसृति की सेवा करते,
संतोष और सुख देकर सब की दुख ज्वाला हरते।
है वहां महाह्रद निर्मल मन जो मन की प्यास बुझाता,
मानस उसको कहते हैं सुख पाता जो है जाता।

"तो यह वृष क्यों तू यों ही वैसे ही चला रही है,
क्यों न बैठ जाती इस पर अपने को थका रही है?"

"सारस्वत-नगर-निवासी हम आये यात्रा करने,
यह व्यर्थ रिक्त-जीवन-घट पीयूष-सलिल से झरने।
इस वृषभ धर्म-प्रतिनिधि को उत्सर्ग करेंगे जाकर,
चिर-मुक्त रहे यह निर्भय स्वच्छंद सदा-सुख पाकर।"
सब सम्हल गये थे आगे थी कुछ नीची उतराई,
जिस समतल घाटी में, वह थी हरियाली से छाई।
श्रम, ताप और पथ-पीड़ा क्षण भर में थे अंतहित,
सामने विराट धवल-नग अपनी महिमा से विलसित।
उसकी तलहटी मनोहर श्यामल तृण-वीरुध वाली,
नव-कुंज, गुहा-गृह सुंदर ह्रद से भर रही निराली,
वह मंजरियों का कानन कुछ अरुण पीत हरियाली,
प्रति-पर्व सुमन-सुंकुल थे छिप गई उन्हीं में डाली।
यात्री दल ने रुक देखा मानस का दृश्य निराला,
खग-मृग को अति सुखदायक छोटा-सा जगत उजाला।
मरकत की वेदी पर ज्यों रक्खा हीरे का पानी,
छोटा सा मुकुट प्रकृति या सोयी राका रानी।
दिनकर गिरी के पीछे अब हिमकर था चढ़ा गगन में,
कैलास प्रदोष-प्रभा में स्थिर बैठा किसी लगन में।

संध्या समीप आयी थी उस सर के। बल्कल-वसना,
तारों से अलक गूंथी थी पहने कदंब की रशना।
खग कुल किलकार रहे थे, कलहंस कर रहे कलरव,
किन्नरियां बनीं प्रतिध्वनि लेती थीं तानें अभिनव।
मनु बैठे ध्यान-निरत थे उस निर्मल मानस-तट में,
सुमनों की अंजलि भर कर श्रद्धा थी खड़ी निकट में।
श्रद्धा ने सुमन बिखेरा शत-शत मधुपों का गुंजन,
भर उठा मनोहर नभ में मनु तन्मय बैठे उन्मन।
पहचान लिया था सब ने फिर क्यों न प्रणति में झुकते।
तब वृषभ सोमवाही भी अपनी घंटा-ध्वनि करता,
बढ़ चला इड़ा के पीछे मानव भी था डग भरता।
हां इड़ा आज भूली थी पर क्षमा न चाह रही थी,
वह दृश्य देखने को निज दृग-युगल सराह रही थी।
चिर-मिलित प्रकृति से पुलकित वह चेतन-पुरुष-पुरातन,
निज-शक्ति-तरंगायित था आनंद-अंबु-निधि शोभन।
भर रहा अंक श्रद्धा का मानव उसको अपना कर,
था इड़ा-शीश चरणों पर वह पुलक भरी गद्गद स्वर-
बोली-"मैं धन्य हुई हूं जो यहां भूलकर आयी,
हे देवि! तुम्हारी ममता बस मुझे खींचती लायी।
भगवति, समझी मैं! सचमुच कुछ भी न समझ थी मुझको,
सब को ही भुला रही थी अभ्यास यही था मुझको।
हम एक कुटुंब बना कर यात्रा करने हैं आये,
सुन कर यह दिव्य-तपोवन जिसमें सब अघ छूट जाये।"

मनु ने कुछ-कुछ मुसक्या कर कैलाश ओर दिखलाया,
बोले, "देखो कि यहां पर कोई भी नहीं पराया।
हम अन्य न और कुटुम्बी हम केवल एक हमीं हैं,
तुम सब मेरे अवयव हो जिसमें कुछ नहीं कमी है।
शापित न यहां है कोई तापित पापी न यहां है,
जीवन-वसुधा समतल है समरस है जो कि जहां है।
चेतन समुद्र में जीवन लहरों सा बिखर पड़ा है,
कुछ छाप व्यक्तिगत, अपना निर्मित आकार खड़ा है।

इस ज्योत्सना के जलनिधि में बुद्बुद् सा रूप बनाये,
नक्षत्र दिखाई देते अपनी आभा चमकाये।
वैसे अभेद-सागर में प्राणों का सृष्टि-क्रम है,
सब में घुल-मिल कर रसमय रहता यह भाव चरम है।
अपने दुख-सुख से पुलकित यह मूर्त्त-विश्व सचराचर,
चिति का विराट-वपु मंगल यह सत्य सतत चित सुंदर।
सब की सेवा न परायी वह अपनी सुख-संसृति है,
अपना ही अणु अणु कण कण द्वयता ही तो विस्मृति है।
मैं की मेरी चेतनता सबको की स्पर्श किये सी,
सब भिन्न परिस्थितियों की है मादक घूंट पिये सी।
जग ले ऊषा के दृग में सो ले निशि की पलकों में,
हां स्वप्न देख ले सुंदर उलझन वाली अलकों में-
चेतन का साक्षी मानव हो निर्विकार हंसता सा,
मानस के मधुर मिलन में गहरे गहरे धंसता सा।
सब भेद-भाव भुलवा कर दुख-सुख को दृश्य बनाता,
मानव कह रे! 'यह मैं हूं, यह विश्व नाड़ बन जाता!'

श्रद्धा के मधु-अधरों की छोटी-छोटी रेखायें,
रागारुण किरण कला सी विकसीं बन स्मिति लेखायें।
वह कामायनी जगत की मंगल-कामना-अकेली,
थी-ज्योतिष्मती प्रफुल्लित मानस तट की बन बेली।
वह विश्व-चेतना पुलकित थी पूर्ण-काम की प्रतिमा,
जैसे गंभीर महाह्रद हो भरा विमल जल महिमा।
जिस मुरली के निस्वन से यह शून्य रागमय होता,
वह कामायनी विहसंती अग जग था मुखरित होता।

क्षण-भर में सपब रिवर्त्तित अणु अणु थे विश्व-कमल के,
पिंगल-पराग से मचले आनंद-सुधा-रस छलके।
अति मधुर गंधवह बहता परिमल बूंदों से सिंचित,
सुख-स्पर्श कमल-केसर का कर आया रज से रंचित।
जैसे असंख्य मुकुलों का मादन-विकास कर आया,
उनके अछूत अधरों का कितना चुंबन भर लाया।
रुक-रुक कर कुछ इठलाता जैसे कुछ हो वह झूला,

वन कनक-कुसुम-रज धूसर मकरंद-जलद-सा फूला।
जैसे वनलक्ष्मी ने ही बिखराया हो केसर-रज,
या हेमकूट हिम जल में झलकाता परछाई निज।
संसृति के मधुर मिलन के उच्छ्वास बना कर निज दल,
चल पड़े गगन-आंगन न कुछ गाते अभिनव मंगल।
बल्लरियां नृत्य निरत थीं, बिखरीं सुगंध की लहरें,
फिर वेणु रंध्र से उठकर मूर्च्छना कहां अब ठहरे।
गूंजते मधुर नूपुर से मदमाते होकर मधुकर,
वाणी की वीणा-ध्वनि-सी भर उठी शून्य में झिल कर।
उन्मद माधव मलयानिल दौड़े सब गिरते-पड़ते,
परिमल से चली नहा कर काकली, सुमन थे झड़ते।
सिकुड़न कौशेय वसन की थी विश्व-सुंदरी तन पर,
या मादन मृदुतम कंपन छायी संपूर्ण सृजन पर।
सुख-सहचर दु:ख-विदूषक परिहास पूर्ण कर अभिनय,
सब की विस्मृति के पट में छिप बैठा था अब निर्भय।
थे डाल डाल में मधुमय मृदु मुकुल बने झालर से,
रस भार प्रफुल्ल सुमन सब धीरे-धीरे से बरसे।
हिम खंड रश्मि मंडित हो मणि-दीप प्रकाश दिखाता,
जिनसे समीर टकरा कर अति मधुर मृदंग बजाता।
संगीत मनोहर उठता मुरली बजती जीवन की,
संकेत कामना बन कर बतलाती दिशा मिलन की।
रश्मियां बनी अप्सरियां अंतरिक्ष में नचती थीं,
परिमल का कन-कन लेकर निज रंगमंच रचती थीं।
मांसल-सी आज हुई थी हिमवती प्रकृति पाषाणी,
उस लास-रास में विह्वल थी हंसती सी कल्याणी।
वह चंद्र किरीट रजत-नग स्पंदित-सा पुरुष पुरातन,
देखता मानसी गौरी लहरों का कोमल नर्तन!
प्रतिफलित हुई सब आंखें उस प्रेम-ज्योति-विमला से,
सब पहचाने से लगते अपनी ही एक कला से।
समरस थे जड़ या चेतन सुंदर साकार बना था,
चेतनता एक विलसती आनंद अखंड घना था।

❑❑❑

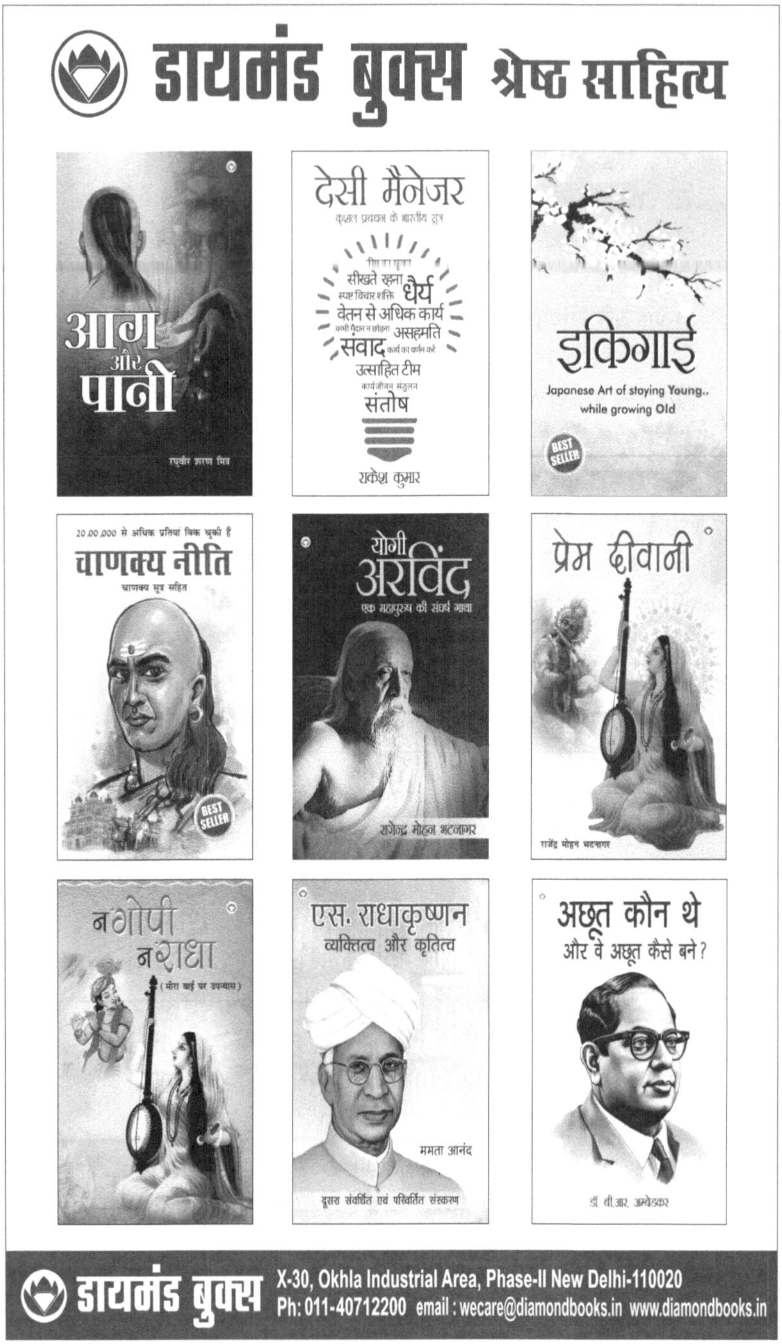

डायमंड बुक्स श्रेष्ठ साहित्य
आग और पानी
रघुवीर शरण मित्र
देसी मैनेजर
कुशल प्रबंधन के भारतीय सूत्र
सीखते रहना
धैर्य
वेतन से अधिक कार्य
असहमति
संवाद
उत्साहित टीम
संतोष
राकेश कुमार
इकिगाई
Japanese Art of staying Young..
while growing Old
BEST SELLER
20,00,000 से अधिक प्रतियां बिक चुकी हैं
चाणक्य नीति
चाणक्य सूत्र सहित
BEST SELLER
योगी अरविंद
एक महापुरुष की संघर्ष गाथा
राजेन्द्र मोहन भटनागर
प्रेम दीवानी
राजेंद्र मोहन भटनागर
न गोपी न राधा
(मीरा बाई पर उपन्यास)
एस. राधाकृष्णन
व्यक्तित्व और कृतित्व
ममता आनंद
दूसरा संवर्धित एवं परिवर्तित संस्करण
अछूत कौन थे
और वे अछूत कैसे बने?
डॉ. बी.आर. अम्बेडकर
डायमंड बुक्स
X-30, Okhla Industrial Area, Phase-II New Delhi-110020
Ph: 011-40712200 email : wecare@diamondbooks.in www.diamondbooks.in